LA

ROUMÉLIE ORIENTALE

ET LA

BULGARIE ACTUELLE

Étude d'histoire diplomatique et de droit international

THÈSE POUR LE DOCTORAT

PAR

Charles SERKIS

PARIS

LIBRAIRIE NOUVELLE DE DROIT ET DE JURISPRUDENCE

ARTHUR ROUSSEAU

ÉDITEUR

14, RUE SOUFFLOT ET RUE TOULLIER, 13

1898

THÈSE

POUR LE DOCTORAT

LA

ROUMÉLIE ORIENTALE

ET LA

BULGARIE ACTUELLE

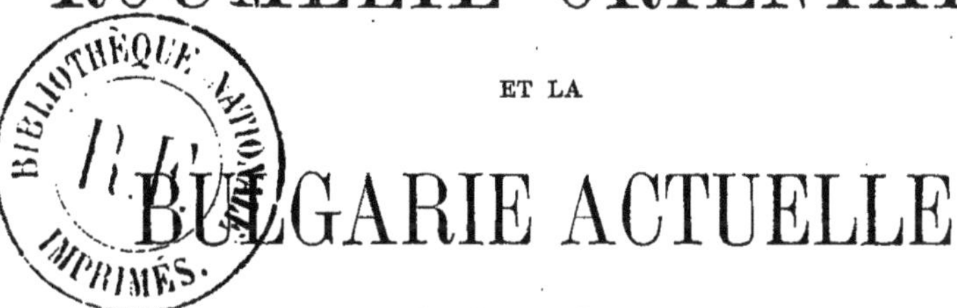

Étude d'histoire diplomatique et de droit international

THÈSE POUR LE DOCTORAT

L'ACTE PUBLIC SUR LES MATIÈRES CI-APRÈS

Sera soutenu le mardi 24 mai 1898 à 8 h. 1/2

PAR

CHARLES SERKIS

Président : M. RENAULT

Suffragants : { MM. LAINÉ, LESEUR, } *professeurs*

PARIS

LIBRAIRIE NOUVELLE DE DROIT ET DE JURISPRUDENCE

ARTHUR ROUSSEAU

ÉDITEUR

14, RUE SOUFFLOT ET RUE TOULLIER, 13

1898

INTRODUCTION

Il est de tradition, dans le Droit International et moderne, de remonter au traité de Berlin quand on veut établir l'état civil des divers Etats Balkaniques qui se sont formés dans le courant de ce siècle des débris de l'Empire Ottoman. Mais si la Serbie, la Roumanie et la Grèce forment aujourd'hui des entités politiques nettement caractérisées, on constate, au contraire, une anomalie entre la situation juridique de la principauté de Bulgarie telle qu'elle résulte des traités et conventions qui ont contribué à sa formation et la situation de fait qu'elle s'est créée depuis la révolution de Philippopoli de 1885.

Pour des raisons très diverses que nous avons essayé d'analyser dans le cours de notre travail, la diplomatie européenne n'avait pas cru devoir satisfaire toutes les aspirations des populations bulgares, et conformément à une politique qui lui a causé bien souvent des mécomptes, mais à laquelle elle paraît être restée attachée, elle adopta une solution transactionnelle qui ne pouvait ni calmer les revendications nationalistes des Bulgares, ni sauvegarder la souveraineté de la Porte sur une notable partie de ses territoires en Europe. La Bulgarie fut partagée en deux parties bien distinctes : celle du Nord devint à peu près libre sous le nom de principauté de Bulgarie ; celle du Sud, sous la dénomination de *Province Privilégiée de la Roumélie Orientale* resta sous la souveraineté directe de l'Empire Ottoman, dans des conditions d'autonomie exceptionnelles dont on ne voit pas d'exemple dans l'histoire contemporaine.

Cette dérogation au droit commun d'une fraction de territoire demeurerait à l'état de curiosité historique, si, en 1885, les Bulgares, par une révolution accomplie en quelques heures, n'avaient pas, *proprio motu*, détruit l'œuvre du Congrès de Berlin et proclamé l'union des deux Bulgaries, à la faveur de l'inertie du gouvernement de Constantinople, et du désaccord intime des puissances signataires quant aux moyens à employer pour assurer le respect des traités. Il s'est ainsi formé, dans des conditions tout à fait étrangères, un nouvel Etat qui, né en violation d'un accord International toujours en

vigueur, se trouve cependant reconnu implicitement
par tous les cabinets européens. Sa prédominance
dans la péninsule balkanique tend sans cesse à s'accroître et à battre en brèche les aspirations territoriales des Serbes et des Grecs en Macédoine. Telle est
la raison qui nous a fait entreprendre la présente
étude. La création artificielle de la province de
Roumélie Orientale par le traité de Berlin et la
formation successive d'un nouvel Etat Bulgare
présentent un double intérêt : intérêt au point
de vue de l'histoire diplomatique, car elles constituent un épisode notable de la question d'Orient,
qui est cependant peu connue dans ses détails ;
intérêt au point de vue du Droit International,
à cause de la situation toute particulière où s'est
trouvée placée la Roumélie Orientale pendant les
années qui ont suivi le traité de Berlin, et des conditions anormales dans lesquelles se trouve constituée
la Bulgarie actuelle.

Notre étude sera divisée en deux parties : dans la
première, nous exposerons, en nous plaçant sur le
terrain de l'histoire diplomatique, l'évolution qu'a
suivie la diplomatie Russe depuis le traité de San
Stéfano, jusqu'à la reconnaissance du prince Ferdinand, comme souverain des deux fractions du territoire Bulgare. Dans la seconde, nous étudierons la

situation et les caractères de ce nouvel Etat, en nous demandant s'il est conforme aux principes qui régissent la formation des Etats et compatible avec le maintien d'un soi-disant équilibre dans les Balkans, invoqué au lendemain de la révolution de Philippopoli, par la Serbie et la Grèce, pour justifier leur politique agressive. Nous terminerons en passant en revue les principales questions de Droit International pratique qui se sont élevées de l'union des deux Bulgaries, et les solutions qui leur ont été données.

LA ROUMÉLIE ORIENTALE

ET LA BULGARIE ACTUELLE

PREMIÈRE PARTIE

ÉTUDE HISTORIQUE

—

CHAPITRE PREMIER

LA BULGARIE ANCIENNE JUSQU'AU TRAITÉ DE BERLIN.

Le pays qui porte le nom de Roumélie Orientale et que ses habitants désignent plus volontiers sous celui de Bulgarie du Sud a.eu comme tous les territoires de la péninsule Balkanique une histoire des plus mouvementée. Placé aux confins de l'Europe et de l'Asie, voisin du Bosphore et de Constantinople, objet des convoitises séculaires des peuples conquérants, il devait subir les conséquences des luttes des races et des peuples qui se sont disputé l'hégémonie en Orient.

Les premiers habitants de la Roumélie étaient des Slaves que l'histoire signale aux premiers siècles de l'ère chrétienne, comme établis dans le pays, depuis longtemps déjà. Mais c'est seulement au viie siècle que se forma sur ces territoires une agglomération d'hommes constitués en corps de nation, un Etat proprement dit. Il y avait en effet dès les premiers temps de la Chrétienté dans la partie S. E. de la Russie moderne, sur les bords du Volga et de l'Oural, un peuple de nomades appelés Bulgares établis dans cette région qui portait le nom de Grande Bulgarie. Une fraction de ce peuple émigra au cours du vii° siècle et suivant les rives de la mer Noire, vint s'établir sur les bords du Danube. On s'est demandé souvent à quelle race pouvait appartenir ce groupement humain dont la prépondérance dans les Balkans tend à battre en brèche les aspirations sans cesse grandissantes de l'hellénisme contemporain. Certains écrivains bulgares, désireux de montrer qu'entre eux et les Russes il y a non seulement des affinités politiques et religieuses, mais aussi similitude d'origine, ont soutenu que ces envahisseurs étaient de race slave (1) ; mais il est plus probable qu'ils appartenaient comme les Hongrois et les Turcs, à la race Tartaro-finnoise dont l'agglomération s'étend depuis les sources du « Wardar » en Macédoine jusqu'à l'embouchure de l'Amour dans la manche de Tartarie. Quoiqu'il en soit, cette peu-

____

(1) V. notamment Drandar, *Les événements politiques en Bulgarie, depuis 1876 jusqu'à nos jours.*

plade fit la conquête des bords du Danube, sous la conduite d'un chef nommé Asparu qui en 679 fonda le premier Etat bulgare.

Les vainqueurs, horde grossière et sans culture, se trouvèrent là en contact avec une population plus cultivée plus riche qui les absorba en partie et cette fusion forma un peuple Stavo-Bulgare, d'où est sortie la nation bulgare actuelle.

Le nouvel Etat se développa rapidement; dès le ix° siècle il formait une souveraineté puissante. Ce n'est point que son existence fût bien paisible; les peuples voisins, Serbes, Hongrois, Russes, lui disputaient la possession de la presqu'île Balkanique. Il eut surtout à lutter contre son puissant voisin l'Empire de Byzance, qui ne pouvait se résoudre à perdre la région de l'Hémus et du Danube.

Au milieu du ix° siècle, le roi bulgare, Boris, se convertit au christianisme, et la Bulgarie devint un Etat chrétien. Le fils de Boris, Siméon (893-927) porta le premier le titre de tzar de Bulgarie et amena la Bulgarie à son plus haut degré de prospérité. C'est lui qui le premier réclama pour son pays l'autonomie religieuse et chercha à le rendre indépendant de l'Eglise de Byzance qui avait implanté le christianisme en Bulgarie et y exerçait la juridiction ecclésiastique. C'est de cette époque que datent les longues querelles religieuses entre les Grecs et les Bulgares.

Ceux-ci n'obtinrent cependant leur indépendance

religieuse que sous le tzar Pierre (927-968) fils et successeurs de Siméon; ils eurent dès lors un patriarche, chef suprême de leur Eglise nationale. Il est curieux de noter que sous ce souverain eut lieu également une première division de l'Empire Bulgare en Bulgarie Orientale et en Bulgarie Occidentale dont les limites n'étaient pas bien sensiblement différentes de celles de la principauté de Bulgarie actuelle et de la Roumélie Orientale, dont, à neuf siècles de distance, les représentants de l'Europe à la conférence de Constantinople devaient proposer la création à la Sublime Porte.

Ce premier Etat Bulgare n'eut pas une bien longue durée; des hérésies, des divisions politiques, un état d'anarchie croissante, vinrent l'affaiblir et le rendre incapable de soutenir la lutte contre son puissant voisin, l'Empire grec de Constantinople. En 1018 sa ruine fut consommée par l'Empereur Basile II qui fit de la Bulgarie une province grecque.

Cet état de servitude devait durer plus d'un siècle et demi; mais à la fin du XIIe siècle, sous l'héroïque conduite de deux frères, Assen et Pierre, les Bulgares se soulevèrent et s'affranchirent de la domination byzantine.

L'Empire Bulgare était relevé, et sous Assen qui devint roi, puis surtout sous son successeur Assen II (1218-1241), il devint un Etat florissant et respecté, ayant atteint un degré de puissance qu'il n'avait point connu jusqu'alors. Son Empereur portait le titre de

« tzar des Bulgares et des Grecs » (1) ; il occupait un territoire bien plus grand que celui de la Bulgarie actuelle, allant de l'Est à l'Ouest, de la mer Noire jusqu'à l'Adriatique, englobant ainsi une partie de la Serbie moderne ; du Nord au Sud, il s'étendait du Danube à l'Archipel (réunissant ainsi la Bulgarie du Nord, la Roumélie Orientale, et les villayets de la Turquie d'Europe) et comprenait même une partie de l'Epire et de la Thessalie actuelles. Sa capitale, Tirnovo, la ville même ou quelques siècles plus tard la Bulgarie devait, renouant la chaîne des temps, se donner une constitution, était une grande ville, que les Grecs eux-mêmes appelaient une seconde Constantinople (2).

Mais, de même que l'Empire Bulgare avait été miné par l'Empire grec de Byzance, de même il devait succomber cette fois encore sous les coups de l'Empire Turc de Constantinople. Sa décadence commencée au milieu de XIII° siècle dura environ cent ans. Après une longue lutte, Tirnovo fut prise en 1388 par Amurat II et les Bulgares passèrent sous la donimation musulmane.

Alors commença pour la Bulgarie cette longue

(2) « Imperator Bulgarorum et Blacorum », disent les documents latins de l'époque. Villehardouin l'appelle « roi de Blaquie et de Bougrie ».

(2) Au XVII° siècle, longtemps après la conquête musulmane, le géographe turc Khadji-Kalfa, vit encore dans cette ville l'ancien palais des tzars, aujourd'hui disparu.

éclipse politique dont elle ne devait sortir qu'aux traités de San Stéfano et de Berlin. Tombée en complète décadence, peuplée presque entièrement de paysans pauvres, disséminés dans les campagnes, elle était incapable de songer même à la possibilité d'un affranchissement.

Les Bulgares effrayés par les rapides conquêtes des Turcs, les considérant comme d'une race supérieure à la leur, subissaient tout en le maudissant le joug musulman. Il leur était resté dans leur servitude un lien, un principe d'action commun, l'un des éléments principaux des nationalités en Orient, à savoir une église nationale, avec un patriarche qui siégeait à Ochrida en Macédoine. Cette dernière prérogative leur fut enlevée en 1767 sous l'influence du clergé grec de Constantinople ; le patriarchat Bulgare fut supprimé et les Bulgares retombèrent au point de vue spirituel sous la dépendance de l'Eglise grecque du Phanar.

Il est à remarquer cependant que cette longue et double servitude n'avait point suffi à éteindre entièrement le sentiment national ; le souvenir de l'ancien Etat bulgare se perpétuait par les chansons populaires qui rappelaient aux Bulgares l'histoire de leur puissance politique au Moyen Age et entretenaient le désir et la soif de l'affranchissement.

A la fin du xviiie siècle, un premier signe précurseur était apparu : un moine bulgare du mont Athos « Païssy » avait écrit en 1762 son « Histoire Slovène.

Bulgare des peuples, des tzars et des saints de la Bulgarie et de tous les événements Bulgares ». Ce livre qui rappelait un passé d'indépendance et de grandeur fut répandu dans le pays, grâce à la tolérance du gouvernement Turc et produisit dans tous les centres, une impression très vive. Mais c'est surtout au commencement du XIXᵉ siècle que le sentiment national se développa et se manifesta d'une façon hostile au gouvernement Turc. La révolution française avait produit dans toute l'Europe une commotion formidable qui s'était fait sentir même en Orient, où elle avait agité les nationalités soumises à la domination musulmane. Sur les bords du Danube, elle fut un puissant auxiliaire pour le livre de Georges Vincline intitulé, « les Bulgares d'autrefois et d'aujourd'hui » qui acheva l'œuvre de régénération entreprise par le moine Païssy et rendit à tous les Bulgares la conscience de leur individualité avec la ferme résolution de reconstituer leur unité politique et religieuse. Favorablement secondés en cela par la politique séculaire des Ottomans qui avaient laissé aux nationalités chrétiennes soumises une large indépendance quant aux intérêts de leur communauté, plusieurs journaux se fondent, on crée partout des écoles qui aident puissamment le mouvement nationaliste. Les Bulgares suivent avec passion et favorisent ouvertement les soulèvements successifs des peuples Balkaniques soumis à la Sublime Porte. On les voit au cours de ce siècle, prendre part aux luttes de la Serbie, et du

Monténégro contre les Turcs. Lorsque les Grecs se sou-
lèvent pour conquérir leur indépendance, bien qu'il y
ait entre eux et les Bulgares, antagonisme politique et
religieux, ces derniers soutiennent le mouvement et
l'on sait la part brillante que prirent dans les luttes
pour l'indépendance grecque, Hadji-Cristo et ses volontaires.

En 1840, la Bulgarie commença à son tour à s'agiter
sérieusement et ce qu'elle revendiqua tout d'abord, ce fut
son Eglise nationale. Faut-il s'en étonner ? Nullement,
car on sait l'importance que présente pour les peuples
Orientaux la possession d'une Eglise autocéphale. Elle
ne suppose pas seulement l'indépendance au point de
vue purement spirituel, elle comporte aussi toute une
organisation administrative s'étendant aux intérêts tem-
porels, une hiérarchie de prêtres et de fonctionnaires
permettant de centraliser les ressources du pays. L'indépendance religieuse est en Orient le premier signe
et comme l'acheminement vers l'indépendance politique. Or, depuis un siècle, nous l'avons vu, les Bulgares
avaient perdu leur Eglise nationale. Ils dépendaient,
au point de vue religieux, du patriarche grec de Constantinople, qui était nommé par la Porte ; mais les
fonctions de patriarche étaient, en réalité, conférées à
prix d'or et le bénéficiaire, pour récupérer ses avances,
vendait à son tour les sièges épiscopaux. La même
exploitation qu'en Bosnie, s'étendait dans les provinces
Bulgares. La plupart des évêques sinon tous, étaient de

nationalité grecque et avaient pour leurs ouailles le
mépris profond des Grecs pour son voisin de race Slave,
le Bulgare et le Serbe. Ils n'avaient jamais rien fait
pour le perfectionnement intellectuel ou moral de leurs
administrés : ils n'avaient fondé aucune école, aucun
séminaire, et le diocèse qu'ils avaient acheté étaient considéré par eux comme un bien à exploiter, dont ils devaient tirer le maximum de revenus. Ils recrutaient les
prêtres uniquement parmi ceux qui pouvaient acheter
leur fonction ecclésiastique ; de sorte que, selon l'expression caractéristique de M. de Lavelaye, « les pauvres rayas avaient à rembourser tous les frais de cette
échelle descendante de transactions simoniaques (1). »
Le bas clergé était tombé au dernier degré d'ignorance
et de démoralisation, la plupart de ses membres pouvaient à peine comprendre les offices qu'ils lisaient et
quelques-uns se rendaient coupables « d'actes de cupi-
« dité et d'oppression tels, que, s'ils avaient été commis
« par les Turcs, ils eussent soulevé une révolte générale (2). » L'ensemble des taxes prélevées par le clergé,
dépassait le chiffre des impôts réguliers perçus par
l'administration ottomane. Le grand vizir Mehemet
Kiprisli, chargé en 1861 par le sultan Abdul-Aziz de
faire une enquête sur les plasnites formulées au nom
des populations chrétiennes de Roumélie, déclarait :

(1) E. de Laveleye, *La péninsule des Balkans*, 1886.
(2) Rapport du consul anglais à Salonique.

« Parmi les abus que j'ai constatés, je crois de mon de-
« voir d'en signaler un qui demande une répression
« prompte et efficace, je veux parler de la conduite
« peu édifiante du haut clergé grec en Roumélie.....
« Tout en rendant justice à la respectabilité des mem-
« bres qui composent ce corps, je ne puis m'empêcher
« d'avancer qu'il y en a qui méconnaissent la nature
« de leur mission religieuse et se livrent à des abus
« indignes de tout point du caractère dont ils sont re-
« vêtus (1) ».

Les Bulgares étaient ainsi soumis à deux servitudes
dont on n'aurait su dire laquelle était la plus intolé-
rable ; la servitude politique des Turcs, la servitude
religieuse des Grecs, ont été les principaux facteurs
des événements qui ont abouti à la formation de la Bulgarie actuelle. Depuis 1840, et pendant les années qui
suivirent, les Bulgares ne cessèrent de protester violemment contre le clergé grec (2).

(1) *Archives Diplomatiques*, 1861, T. I, p. 158. V. *Sur les abus du
clergé grec en Bulgarie* ; Saint-Marc Girardin, *La Syrie en 1861. Considération des chrétiens ;* Bérard, *La Turquie et l'Hellénisme contemporain ;* Pypine et Sparovic, *Histoire des littératures slaves.*

(2) Les évêques grecs, disait le *Journal de l'Association bulgare*, ont,
de toute antiquité, brûlé nos documents historiques ; ils ont pour-
suivi notre race de leurs mensonges et de leur calomnie. Ce qu'ils
voulaient c'était faire de nous des barbares, anéantir toute conscience, tout sentiment national, nous transformer en une machine
sans âme, dont ils auraient fait leur jouet. V. aussi *Periodiarko Spi-
sanie, Journal de l'Association bulgare de Braïla.* Cf. *Contemporary Review,* juin 1879.

Celui-ci confiant dans sa force, se sentant soutenu par le patriarche de Constantinople, connaissant surtout l'impéritie du gouvernement Ottoman ne tint aucun compte de ces réclamations. En 1862, le parti séparatiste tenta une démarche de conciliation. Il proposa que dans les circonscriptions exclusivement bulgares, on nommât des évêques bulgares, que dans les circonscriptions mixtes, les prélats seraient élus par les fidèles à la majorité des suffrages ; qu'un synode composé en nombre égal de grecs et de bulgares, siégeât à Constantinople où un archevêque bulgare servirait d'intermédiaire entre le clergé bulgare et le patriarchat : en outre, un conseil composé mi-partie de prêtres et de laïques présiderait à la gestion des intérêts bulgares, sous la présidence d'un fonctionnaire Ottoman (1).

La Porte désirait vivement une entente, mais les grecs refusèrent résolument d'entrer dans la voie des concessions, confondant dans leur haine contre les Bulgares, les Russes, qu'ils accusaient de délaisser la cause de l'Eglise Orthodoxe.

D'autre part, bien que l'influence hellénique, sacerdotale ou politique, apparût alors à la Porte comme la plus dangereuse de celles que l'Empire Ottoman eût à redouter, le sultan subissait l'influence du patriarchat grec de Constantinople auquel il était lié par des intérêts pécuniaires ; de plus, il ne se dissimulait pas

____

(1) Engelhardt, *La Turquie et le Tanzimat.*

que le meilleur moyen de retenir les Bulgares dans l'obéissance, c'était encore de les maintenir avec les autres chrétiens de l'Empire sous une autorité religieuse unique siégeant à Constantinople. Il sentait très nettement que leur accorder l'autonomie religieuse, c'était préparer et faciliter leur autonomie politique, créer entre eux un premier lien et donner le premier essor à une nationalité en voie de formation.

Mais les Bulgares excités par leur presse nationaliste, soutenus par la Russie, devenaient de plus en plus menaçants. En 1867 ce n'est plus seulement leur autonomie religieuse qu'ils réclament de la Porte, mais aussi leur autonomie administrative. Ils la mettaient en demeure de leur accorder l'une et l'autre, à défaut de quoi ils annonçaient une révolte générale. La Porte sentit que la menace risquait de se réaliser, elle comprit que le mouvement révolutionnaire, qui, à ses yeux, faisait le compte de la diplomatie russe, serait difficile à réprimer et pouvait s'étendre aux peuples voisins et mettre ainsi sa propre existence en péril. L'Eglise grecque unie constituait d'autre part, dans l'Empire, une puissance redoutable ; un schisme qui affaiblirait le patriarchat œcuménique n'était pas pour lui déplaire (1). Ces considérations militant et suivant sa poli-

---

(1) V. *Revue de Paris* (nov. 1896). *Testament politique de Fuad pacha.* « Notre politique doit chercher à isoler les Grecs de tous les « autres chrétiens. Il faut surtout soustraire les Bulgares à la domi-

tique traditionnelle qui consistait à accepter ce qu'il ne pouvait point empêcher, le sultan Abdul-Aziz, par un Firman du 11 mars 1870 (1), accorda à la Bulgarie sa liberté religieuse en créant à Constantinople un exarque, chargé de l'administration de toutes les affaires spirituelles de la communauté bulgare.

Le firman du 11 mars 1870 peut être considéré comme le prélude de l'autonomie politique des Bulgares. Depuis ce moment, les progrès de l'élément slave ont été constants dans les deux versants des Balkans, au détriment de l'élément grec. Bien avant les tristes événements de 1878, on pouvait prévoir que la diplomatie russe n'attendait que l'occasion pour prendre en main la cause du panslavisme en Orient.

La lente désorganisation intérieure de l'Empire Ottoman était à son comble, et depuis la seconde moitié du siècle, éclatait aux yeux de tous. La vénalité des offices, la corruption des administrateurs, l'absence de vigueur réelle dans le gouvernement central avaient frappé l'empire des Osmanlis d'une incurable faiblesse. Les révoltes de la Serbie de 1804 à 1826, l'insurrection de 1821 et la guerre de l'indépendance héllenique, la révolte du pacha d'Egypte, Mehemet-Ali, en 1831, avaient montré que la Porte était désormais impuissante à maintenir à

« nation de l'Église grecque, sans cependant les attacher ni aux « Russes, ni au clergé. »

(1) V. Texte du Firman dans Bérard. *La Turquie et l'Hellénisme contemporain.*

elle seule ses sujets chrétiens dans l'obéissance. La formation progressive de nouveaux états, soit entièrement indépendants, soit rattachés à la Porte par un simple lien de suzeraineté avait affaibli son prestige militaire qui avait suffi jusqu'alors à contenir les aspirations nationalistes de ses sujets.

Si les puissances européennes avait abandonné l'Empire Turc à sa destinée, il se fût bien vite écroulé sous le poids de ses abus de pouvoir et les coups répétés de ses sujets. Mais on l'a dit avec raison « la question d'Orient n'est pas en Orient, mais en Occident » ; au milieu de notre siècle, pas plus qu'aujourd'hui, les grandes puissances ne pouvaient se désintéresser du sort de la Turquie. Les unes, comme l'Angleterre et la France, avaient trop d'intérêt à sa conservation, toutes prévoyaient et redoutaient les complications qu'eût engendrées son partage, pour ne pas vouloir son maintien.

C'est le résultat qu'elles s'efforcèrent d'obtenir par le traité de Paris du 30 mars 1856. Ce traité posait le principe de l'integrité de la Turquie ; il faisait en outre entrer la Turquie dans le concert Européen en la faisant participer au droit public moderne (art. 7). Mais les plénipotentiaires réunis à Paris voulaient faire œuvre sérieuse et durable ; ils avaient le sentiment très net que la Porte était vouée à la mort, si elle ne se réformait pas de fond en comble, en se mettant au niveau de ses voisins dans la grande famille Européenne. Aussi lui firent-ils prendre l'engagement solennel d'améliorer le sort de ses sujets, sans distinction de race, ni de religion (art. 9). Seulement la France et l'Angleterre, en faisant prendre cet engagement à la Turquie, qu'elles avaient soutenue contre la Russie, ne crurent pas devoir aller jusqu'à exiger des garanties pour l'accomplissement des réformes promises. La Turquie, en somme, n'était-elle pas victorieuse avec elles, et ne fallait-il pas ménager son orgueil et ses susceptibilités ? Puis elles croyaient encore à la possibilité d'un relèvement pour l'Empire ; elles se souvenaient du Hatti-Cherif de Gulhané de 1839 qui consacrait l'égalité complète entre chrétiens et musulmans, et renversait ainsi d'un coup la doctrine traditionnelle du « Chéri ». Abdul-Médjid avait continué dans cette évolution libérale, moins peut-être par la volonté de réformer son Empire que par le désir de contrebalancer la faveur dont jouissait Mehemet-Ali dans l'opinion libérale de l'Europe. Le célèbre Hatti-Humayoun ou « Rescrit Imperial » du 18 février 1856, incomparablement moins étroit dans ses dispositions que la Charte de Gulhané, avait favorablement disposé les cabinets Européens, vis-à-vis de la Porte. (1). Dès lors, il ne restait aux plénipotentiaires réunis à Paris qu'à *prendre acte* des bonnes dispositions du gouvernement Ottoman ; seulement, le premier plénipotentiaire Turc, Ali-pacha pro-

---

(1) Cf. Engelhardt, La *Turquie et le Tauzimat* ; De la Jonquière, *Histoire de l'Empire Ottoman*.

testa vivement contre cette formule qui pouvait avoir dans la suite la même interprétation que l'art 7 du Traité de Kutchuk-Kaïnardji de 1774 (1) et le principe de non-intervention fut formellement proclamé dans l'art 9 du *Traité de Paris* qui porte que la communication de la Porte « ne saurait en aucun cas donner le « droit aux dites puissances de s'immiscer soit collecti-« vement, soit séparément dans les rapports de Sa Ma-« jesté le Sultan avec ses sujets, ni dans l'administration « intérieure de l'Empire » (2).

C'était bien mal connaître la situation intérieure de la Turquie et sa politique traditionnelle qui consiste à promettre ce qu'elle ne peut refuser, à renouveler solennellement ses promesses aussi souvent que les circonstances l'y contraignent, mais à ne jamais passer à l'exécution. Le danger conjuré, la Porte s'en tint à son système de Gouvernement, continua à régner par la terreur, et quant aux réformes promises, il n'en fut plus question. Les conséquences étaient inévitables ; les années qui suivirent le Traité de Paris furent marquées périodiquement par les soulèvements des populations chrétiennes sur différents points de l'Empire, suivis bientôt de répressions sanglantes.

---

(1) C'est en vertu de cet art. que le gouvernement russe avait prétendu au protectorat de l'Église grecque en Orient.

(2) Cf. *Livre jaune de 1877*, p. 136. — *Revue de Droit International et de Législation comparée*, 1876. — Engelhardt, *Le droit d'intervention et la Turquie.*

En 1860, les événements de Syrie, l'assassinat des consuls de France et d'Angleterre à Djeddah, et les incursions des Druses sur les Maronites rendent nécessaires la réunion à Paris d'une conférence des puissances Européennes qui chargea la France, dont l'influence sur les catholiques de l'Orient était alors très grande, de débarquer en Syrie un corps expéditionnaire pour réprimer les troubles.

En 1867, les Crétois, maltraités dans leur personne et leurs biens, troublés dans l'exercice de leur religion (1), s'insurgent contre le pouvoir central, et proclament leur union à la Grèce. Cette fois les Cabinets Européens craignant de voir se rouvrir trop précipitamment la question d'Orient, empêchent les Grecs de soutenir la cause des insurgés et laissent le Sultan écraser les insulaires. Tous ces événements avaient ému l'Europe et montré qu'il était nécessaire dans l'intérêt de la Turquie, comme dans celui des nationalités soumises, d'intervenir pour établir un *modus vivendi* plus équitable. Une conférence, réunie à Paris le 9 janvier 1869, condamna formellement la conduite de la Grèce en déclarant qu'elle aurait à s'abstenir désormais de favoriser ou de tolérer, « l'équipement dans ses ports de bâtiments armés destinés à secourir sous quelque

---

(1) Bien qu'on ait mis sur le compte des musulmans de l'île, les ravages qui continuent à maintenir la Crète dans un état d'anarchie, on peut affirmer, sur la foi des rapports consulaires, que l'esprit d'intolérance est aussi très développé dans l'élément grec.

Serkis.   2

forme que ce fût, toute tentative d'insurrection dans les possessions de S. M. le Sultan ».

Mais, en même temps, l'expérience avait démontré que la Porte n'avait cédé qu'à contre-cœur à la pression du dehors, que dans les cercles ministériels même les plus réformateurs, le principe de la prédominance nécessaire du peuple mahométan restait toujours l'inspirateur de leur politique intérieure. Les grandes puissances jugèrent opportun de réagir contre une doctrine qui rendait stérile toute tentative de réformes.

Deux systèmes se trouvaient alors en présence, entre lesquels la diplomatie européenne avait à choisir si elle avait à cœur d'éviter les dangers dont la ruine de l'Empire des Osmanlis serait la conséquence certaine. Le premier consistait à renforcer l'autorité de la Porte sur les diverses populations soumises, à supprimer les restes d'autonomie que quelques-unes avaient conservée, pour les joindre en un seul tout, et faire de l'Empire turc un Etat semblable à une monarchie européenne, centralisée, unifiée. Dans ce cas, il fallait procéder à une réforme complète de l'Administration, y introduire l'ordre, hiérarchiser et coordonner avec soin les divers services publics afin que le mouvement se transmît facilement du centre aux extrémités de l'Empire et que la surveillance du pouvoir central en fut facilitée.

Le second système avait pour fondement cette idée que l'Empire Ottoman est composé de populations hétérogènes, de mœurs, de religions différentes, hostiles les unes aux autres, hostiles surtout aux Turcs ; qu'entre tous ces éléments l'antagonisme est irréductible et la fusion irréalisable. Il fallait dès lors accroître l'autonomie de chaque peuple sujet, lui laisser l'usage complet de ses institutions nationales, avec la faculté de s'administrer à sa guise ; faire de la Turquie une sorte d'Etat féderatif, composé de petits Etats tributaires et unis par un simple lien de vassalité à la Porte, leur suzeraine commune.

Telle était l'alternative devant laquelle s'est trouvée placée l'Europe, toutes les fois qu'elle a eu à intervenir dans l'organisation intérieure de la Turquie.

En 1869, l'accord n'était pas facile sur le plan de réformes à adopter : la Russie n'avait aucun intérêt à l'intégrité de l'Empire Ottoman ; se considérant surtout comme la protectrice née des Slaves des Balkans, elle optait franchement pour le système extensif de leur autonomie.

Le prince Gortchakoff répétait que la solution pratique du problème oriental devait consister « à séparer « les intérêts des Chrétiens de ceux des musulmans, « en conciliant le développement parallèle et progres- « sif des nationalités et des cultes divers placés sous « l'autorité commune du Sultan avec les exigences de « l'équilibre européen » (1).

(1) Mémorandum russe de 1867. — Baron d'Avril, *Négociations relatives au Traité de Berlin.*

L'Autriche suivait à cette époque une politique russophile ; l'alliance des trois empereurs se dessinait déjà dans la marche de sa diplomatie et elle était naturellement portée à se ranger à l'opinion de sa puissante voisine (1).

D'un autre côté, prévoyant qu'un jour viendrait, peut-être prochain, où les populations chrétiennes des Balkans s'émanciperaient, elle songeait déjà à se ménager sur elle la part d'influence qu'elle jugeait légitime, et elle voulait elle aussi, en les prenant d'ores et déjà sous sa protection, se créer pour plus tard des droits à leur reconnaissance (2).

L'Angleterre au contraire, ayant toujours eu pour tâche de contrecarrer la politique russe en Orient, était favorable au système qui consistait à consolider l'autorité du Sultan sur ses sujets chrétiens.

A cette époque où elle n'était point encore établie en Egypte, elle craignait par dessus tout un démembrement de l'Empire turc. « Il ne nous convient pas, décla- « rait Lord Derby au Parlement, d'accélérer une issue « qu'il ne dépend pas de nous d'éviter, je veux dire la « ruine de l'Empire Ottoman, car si cela devait arriver, « notre devoir serait de veiller à ce que cela se fasse « aussi graduellement que possible et avec le moins de « dangers. » Elle craignait que la Russie n'y obtint

____

(1) Dépêche à l'Internonciature du 22 janv. 1867.
(2) Beer, *Die Orientalische Politik Obsterreichs.*

l'Asie Mineure et ne lui coupât ainsi ses communications avec l'Inde.

Quant à la France, sa politique extérieure était basée sur le principe de l'intégrité de l'Empire Ottoman, posé par le Traité de Paris, aux termes duquel elle voulait s'en tenir. Le cabinet des Tuileries persistait à croire qu'il n'était pas impossible de donner une force nouvelle au gouvernement du Sultan en renforçant son autorité et en l'obligeant à des réformes sérieuses (1).

La Turquie, de son côté, prévoyant que l'autonomie administrative de ses sujets chrétiens les conduirait à l'indépendance complète, ne voyait de salut pour elle que dans l'absolutisme, et elle réclamait instamment le maintien de tous ses sujets sous son autorité absolue. Elle ne se dissimulait pas que le *parallélisme* de la Russie ne tendait à rien moins qu'à son démembrement. « Il ne « faut pas se le dissimuler, écrivait Khalil-Chérif pacha « au commencement de l'année 1867, la question « d'Orient est rouverte. Elle l'est, puisque la Russie, « après s'être résignée pendant quelques années aux « clauses du traité de Paris, sort de son recueillement « avec le plan défini de la dissolution de la Turquie (2). »

Mais les événements de 1870, et la guerre franco-allemande devaient changer subitement le cours des évé-

---

(1) V. *Moniteur universel*, 9 juillet 1868 (séance de la Chambre du 8 juillet.)

(2) *Mémoire inédit*, du 12 février 1867.

nements, et porter en Occident tout l'intérêt de la politique Européenne. Il ne fut plus question de la Turquie jusqu'à la révolte qui éclata en Bosnie et en Herzégovine en 1875, et aux troubles qui ensanglantèrent la Bulgarie au printemps de 1876.

La désorganisation progressive de l'Empire Ottoman, la misère et les aspirations croissantes de ses sujets chrétiens vers la liberté, l'avortement de tous les projets de réformes, tout cela explique les événements qui eurent lieu après 1870 dans la péninsule Balkanique. Une nouvelle page devait venir s'ajouter à l'histoire de ces régions, par la création notamment de la principauté de Bulgarie, et l'érection de la Roumélie Orientale en province autonome et privilégiée dotée d'une constitution ou *Statut Organique* tellement libérale, qu'elle laissait aux populations Rouméliotes la faculté légale de proclamer leurs sentiments unionistes.

En 1875 les chrétiens de Bosnie et d'Herzégovine, exaspérés par une longue suite d'exactions et de mauvais traitements, menacés d'un nouvel accroissement d'impôts se révoltent. Ce fut le signal d'un soulèvement général ; le Monténégro et la Serbie, qui soutenaient la cause des révoltés, entrent en lice et déclarent la guerre à la Turquie. Le vent de la révolte soufflait bientôt sur toute la péninsule balkanique par l'entrée en scène des Bulgares sur plusieurs points à la fois.

Les Bulgares, au moins autant que les autres populations de l'Empire, avaient souffert des abus du despotisme ottoman. Surtout depuis 1867, confirmé par les Puissances Européennes dans son pouvoir absolu, le Sultan n'employait d'autre procédé de gouvernement que la terreur. Il avait imaginé, pour les maintenir dans l'obéissance passive et réprimer toute velléité d'indépendance chez eux, d'établir le long du Danube des colonies militaires de tribus asiatiques, vivant de rapines et de vols, qui traitaient indignement les malheureux habitants. Ceux-ci subissaient leur sort impatiemment, prêts à s'insurger à la première occasion qui leur viendrait du dehors.

Les encouragements à la révolte leur arrivaient d'ailleurs de Russie où la doctrine panslaviste, forme qu'avait revêtue dans l'Empire des tzars le principe des nationalités, avait pris une extension très grande.

Un grand nombre de Russes rêvaient, sinon l'annexion de tous les Slaves à la Russie, du moins leur réunion en une sorte de confédération puissante sous la direction moscovite. Or, le premier article de ce programme était l'affranchissement des peuples Balkaniques du joug de la Turquie.

Il s'était formé en Russie, principalement à Moscou, des comités qui avaient pour mission la propagande des idées panslavistes, chez tous les Slaves de l'Orient. Le gouvernement connaissait tous ces efforts et les encourageait (1). Les comités avaient des représentants

(1) V. Debidour, *Histoire Diplomatique de l'Europe*, t. II.

avoués dans les Balkans, notamment en Bulgarie où
ils poussaient les Chrétiens Orthodoxes à la révolte, leur
fournissaient des armes et leur promettaient la protection du tzar, en cas de soulèvement.

De pareilles excitations dans un tel milieu devaient
produire leurs effets ; elles furent une des causes qui
contribuèrent à la révolte de 1876. La répression fut
terrible ; la Porte envoya ses meilleures troupes contre
le Monténégro qu'elle eut de la peine à vaincre, et contre les Serbes qu'elle écrasa ; elle réprima les troubles
en Bosnie et en Herzégovine, et mettant en œuvre sa
politique traditionnelle qui consiste à supprimer violemment tout élément perturbateur de la tranquillité
du pays ; on vit plusieurs milliers de victimes, particulièrement en Roumélie, tomber sous les coups des soldats
Turcs.

Cette fois l'Europe s'émut. L'opinion publique réclama partout une intervention efficace, et dans les pays
à régime parlementaire, la tribune des Chambres re-
tentit de protestations indignées. Les Bulgares mirent
à profit ce réveil du sentimentalisme en Europe et re-
mirent leur sort entre les mains des puissances signataires du Traité de Paris. Le 14 août 1876 une pétition
était adressée à toutes les grandes puissances dans laquelle ils se mettaient sous leur protection et les sup-
pliaient de leur faire obtenir le droit de se gouverner
eux-mêmes.

« Résigné et patient dans son long martyre, disaient-

« ils, le peuple bulgare n'en peut plus ; le comble même
« de ses malheurs et de ses souffrances a été dépassé,
« et il ne vit plus qu'à moitié. Comme il ne voit pas
« que son esclavage sous le gouvernement turc soit
« une des conditions nécessaires au maintien de
« l'équilibre Européen, ou au progrès de la civilisation
« de genre humain, il s'adresse aux gouvernements
« chrétiens de l'Europe, représentants des peuples civili-
« sés pour solliciter d'eux un état de choses qui leur per-
« mette de vivre non pas en troupeaux d'animaux bons
« à être tondus quand il plaît à leur maître, mais en
« hommes jouissant de droits imprescriptibles et néces-
« saires pour leur développement intellectuel, moral et
« social. L'expérience ayant démontré de quelle nature
« et de quelle efficacité peuvent être les réformes
« turques, le peuple bulgare, qui par sa tradition, sa po-
« sition géographique, son importance numérique, ses
« qualités de peuple industriel et agricole, possède tous
« les éléments pour marcher avec succès dans la voie
« du progrès pacifique, ne met plus aucune confiance
« dans les réformes. Il prie donc les puissances protec-
« trices des chrétiens en Orient d'intercéder afin de lui
« faire obtenir le droit de se gouverner dorénavant lui-
« même. Il demande en d'autres termes sa pleine auto-
« nomie, avec un gouvernement national garanti par
« les grandes puissances protectrices des chrétiens
« d'Orient, unique moyen de pouvoir vivre paisible-
« ment et de se développer graduellement. L'autono-

« mie du peuple bulgare, dans ces conditions, pourrait
« seule le rendre capable de devenir par ses propres lois
« et ses propres forces, l'un des agents les plus actifs et
« les plus persévérants du progrès et de la civilisation
« dans l'Europe Orientale ; elle serait en même temps
« la garantie la plus sûre d'une paix durable dans la
« plus grande partie de la péninsule des Balkans.

« Et il n'y a qu'elle qui puisse empêcher dans l'ave-
« nir le retour des atrocités qui ont fortement soulevé
« l'indignation du monde civilisé. Il aime à croire
« qu'après les cruelles épreuves auxquelles il a été sou-
« mis par ses maîtres, l'Europe ne voudra plus mettre
« derechef ces derniers en état de les pousser à des
« actes de désespoir, au sacrifice même de son exis-
« tence (1). »

Cette protestation emphatique fut accueillie avec une
extrême bienveillancé par tous les cabinets. La Russie
particulièrement, à laquelle les Bulgares s'étaient principalement adressés, était résolue déjà à réprimer par
les armes les excès des Ottomans (2).

---

(1) V. *Livre jaune*, 1878, p. 172.

(2) De tout temps, les Slaves du sud ont, non seulement accepté,
mais même recherché la protection de la Russie. En 1722, un slave
de Raguse, Sarah Vladislaïevilch, présenta à Pierre Le Grand une
traduction du livre d'Orbini. *Storia sul regno degli Slavi*, et lui demanda de prendre les Slaves du Sud sous sa protection, lui montrant
les avantages que la Russie pourrait retirer de cette alliance. En
1807, le Vladyka (évêque), Pierre s'excusant près du maréchal Mar-
mont de préférer l'alliance russe au protectorat français, lui di-

La Serbie écrasée, Belgrade menacée, elle se souvint qu'elle avait poussé ces peuples à la révolte, qu'ils comptaient sur elle, et elle s'interposa. Alexandre II alors à Livadia en Crimée, envoya à la Porte un ultimatum demandant la suspension des hostilités contre les Serbes dans les quarante-huit heures. Il déclarait que le refus d'obéir entraînerait aussitôt la rupture des relations diplomatiques. La Porte céda, mais la Russie n'en continua pas moins ses armements.

L'état de surexcitation des populations balkaniques, la présence des troupes turques en Serbie, la concentration des troupes russes dans les provinces méridionales de l'Empire, indiquaient clairement qu'une guerre russo-turque était imminente. Dans le but d'éviter cette solution qui portait particulièrement atteinte à ses intérêts en Orient, l'Angleterre proposa la réunion à Constantinople d'une Conférence où la question d'Orient serait examinée à nouveau par les puissances signataires des traités de Paris et de Londres, et le sort des sujets chrétiens de l'Empire Ottoman, définitivement réglé.

Après de nombreuses difficultés, qu'il n'entre pas dans notre cadre de relater, la Conférence fut ouverte le 23 décembre 1876 sous la présidence du ministre des affaires étrangères de Turquie. Le même jour, le Sultan

sait : « Il n'y a pour nous de gloire et d'espérance que dans une entente avec nos frères, les Russes ; nous vivrons et nous périrons avec eux. Quiconque est contre eux est contre nous. »

tenta de frapper un grand coup en rendant stérile
l'œuvre de la Conférence : il fit annoncer par ses plénipotentiaires la promulgation d'une Constitution. « Cette
« œuvre, déclarait le président de l'Assemblée, aujour-
« d'hui achevée en tant que Constitution générale, con-
« sacre l'égalité civile et politique entre tous les Otto-
« mans, sans distinction de race ni de religion, la par-
« ticipation du pays à ses propres affaires sous la double
« forme d'une Assemblée législative sortie de son sein
« et de conseils municipaux également élus et appelés à
« exercer leur action directe sur les administrations
« locales suivant un programme de décentralisation qui
« s'allie avec le respect de l'unité de l'Empire et le
« maintien de l'autorité centrale (1). »

Ces manœuvres n'avaient d'autre but que de leurrer
une fois de plus les délégués de l'Europe, de leur faire
croire à la possibilité d'une régénération de l'Empire
turc par lui-même et d'éviter une intervention qui devenait inévitable (2). Mais les plénipotentiaires com-

(1) Conférence de Constantinople. Protoc. I.

(2) La Constitution fut promulguée au moment où les plénipotentiaires s'assemblaient pour tenir leur première séance ; elle le fut avec
une pompe théâtrale destinée uniquement à frapper leurs esprits.

A ce moment, porte le Protocole n° 1 de la Conférence, des salves
d'artillerie se font entendre. Le président fait connaître que ces
salves annoncent la promulgation de la Constitution Ottomane. « Un
grand acte, dit-il, qui s'accomplit à cette heure même, vient de
changer une forme de gouvernement qui avait duré six cents ans.
La Constitution dont S. M. le Sultan a doté son Empire est promulguée. Elle inaugure une ère nouvelle pour le bonheur et la prospérité de ses peuples. »

prirent qu'une Constitution contraire aux mœurs, aux coutumes et aux traditions musulmanes, ne pourrait être efficacement appliquée, et cette fois ils ne se laissèrent pas dominer par les événements intérieurs.

Le premier objet de la Conférence était de régler les conditions de la paix avec la Serbie et le Monténégro ; sur ce point l'accord fut assez facilement obtenu et la paix rétablie sur les bases du *statu quo ante*.

Le second point visait spécialement la Bulgarie et c'est ici que la Conférence de Constantinople prend une importance capitale, en ce qu'on voit apparaître, pour la première fois, d'une manière officielle, la dénomination de Bulgarie, qui marque clairement la constatation et la reconnaissance par l'unanimité des puissances d'un corps de nation bulgare. Sans doute, la Porte protesta contre cette appellation qu'elle prévoyait de nature à réveiller trop de souvenirs. Le plénipotentiaire ottoman faisait remarquer que le terme de Bulgarie employé en tête d'un document que la Conférence discute, ne saurait être admis par le gouvernement Impérial (1). Mais les représentants des puissances déclarent à l'unanimité « qu'il existe dans la péninsule des Balkans, un « vaste territoire s'étendant sans solution de conti- « nuité de la mer Noire à Salonique, où les Bulgares se « trouvent en si grande majorité qu'on ne peut le dé- « signer que sous le nom de Bulgarie ».

(1) Conférence de Constantinople. Protoc. II.

La Conférence proposait dans son projet de réunir les territoires de la principauté de Bulgarie et de la Roumélie Orientale actuelle, augmentés d'un certain nombre de *cazas* (cantons) faisant aujourd'hui partie de la Serbie et de l'Empire Ottoman, en un seul tout, dont on formerait deux villayets, l'un oriental, l'autre occidental, ayant respectivement pour chef-lieu Tirnovo et Sofia. On placerait à la tête de chaque villayet un vali ou gouverneur général chrétien nommé pour cinq ans par la Porte, avec l'assentiment des puissances signataires, et qui serait chargé d'administrer la province avec le concours d'une Assemblée provinciale, dont les membres, sans distinction de race ni de religion, devaient être librement élus pour quatre ans, par les habitants de la province. L'Assemblée devait se réunir une fois par an pour examiner et contrôler le budget et répartir les impôts. Une somme n'excédant pas 30 0/0 des revenus était attribuée au gouvernement central comme contribution à la dette publique et aux dépenses générales de l'Empire.

En outre, il était formé dans chaque province une milice ou gendarmerie nationale composée proportionnellement à la population, de chrétiens et de musulmans, et ce principe devait également servir de base au recrutement de la gendarmerie locale. Pendant un an une Commission internationale devait être chargée de veiller à l'exécution du règlement élaboré par la Conférence.

L'application de ce programme eût donné aux provinces bulgares une véritable autonomie susceptible de réveiller les aspirations des autres nationalités soumises. Les plénipotentiaires Ottomans ne s'y trompèrent pas et repoussèrent les propositions de la Conférence. « Le résultat de la répartition proposée, disaient-ils,
« n'est autre que de réunir en deux villayets tous les
« Bulgares répandus dans la Turquie d'Europe afin de
« constituer deux grandes divisions administratives
« où l'élément bulgaré dominera exclusivement. Une
« telle proposition ne saurait être acceptée par le
« gouvernement impérial, au moment même où la
« promulgation d'une nouvelle Constitution vise di-
« rectement à faire disparaître, au moins dans la
« sphère gouvernementale, les divisions ethnographi-
« ques qui ont déjà causé tant de malheurs à ce
« pays... Pour quiconque connaît le pays, il n'y a
« pas de doute que la formation de ces villayets pro-
« voquerait sur plusieurs points entre l'élément chré-
« tien grec et l'élément chrétien bulgare, une lutte
« acharnée. Dès lors, le gouvernement impérial est
« justifié à repousser la division proposée : 1° comme
« étant en dehors des limites du programme; 2° comme
« tendant à consacrer administrativement et officiel-
« lement, le principe de division par race, prin-
« cipe inconciliable avec la Constitution; 3° comme
« devant provoquer infailliblement une lutte ardente
« entre l'élément musulman et chrétien d'une

« part ; et entre l'élément bulgare et grec, d'autre part » (1).

Mais l'Europe était à bout de patience, l'empereur de Russie se sentait de jour en jour débordé par les flots montants du panslavisme et de l'opinion publique qui réclamait une intervention effective. A la séance du 15 janvier 1877 sur la proposition du général Ignatief, plénipotentiaire russe, un second programme, qui renvoyait à des pourparlers ultérieurs la question de l'agrandissement demandé pour la Serbie et le Monté-négro, et renonçait à diviser en deux la Bulgarie, fut remis à la Porte. Celle-ci, comptant sur le désaccord intime des cabinets européens, crut devoir repousser toutes les propositions de la Conférence (2).

Elle voulut en même temps dégager dans la forme sa responsabilité du refus qu'elle opposait aux puissances et montrer à l'Europe que c'était non seulement le gouvernement, mais la Turquie tout entière qui repoussait l'intervention étrangère. Le 18 janvier, un conseil extraordinaire comprenant tous les ministres, les hauts dignitaires de l'Etat, les notables chrétiens, ainsi que les chefs des différentes religions de l'Em-

(1) Discours du ministre des affaires étrangères ottoman à la séance du 4 janv. 1877. (Protocole V).

(2) On soupçonnait même le Divan d'avoir reçu de Londres des encouragements secrets à la résistance, voir même la promesse d'un appui matériel en cas de rupture définitive. Cf. Engelhardt. « la Turquie et le Tauzimat. »

pire (1), repoussa à l'unanimité le projet de réformes présenté par la Conférence. En même temps, pour donner à ces manifestations une apparence de spontanéité, le grand-vizir faisait rédiger par un certain nombre de notabilités bulgares dévouées à sa personne et à la Porte, une adresse dans laquelle elles protestaient hautement contre l'immixtion étrangère dans les affaires intérieures de l'Empire et déclaraient que les provinces bulgares étaient heureuses sous le sceptre du Sultan (2).

C'est dans ces Conditions que la conférence s'ajourna le 20 janvier 1877, non sans avoir montré à la Porte, toute la témérité de sa conduite ; cependant de nouvelles négociations se renouaient entre la chancellerie de Saint-Pétersbourg et le *Foreign Office* et une conférence se réunissait à Londres à la fin de mars 1877, pour « aviser en commun aux moyens que les puissances jugeraient les plus propres à assurer le bien-être des populations chrétiennes et la paix générale (3) ». Mais le Divan signifia fièrement que le vote de la représentation nationale lui marquait son devoir. « Aucune con-« sidération ne saurait nous en détourner, disait Safvet-« pacha dans une circulaire du 9 avril 1877 ; nous exé-« cuterons les réformes promises et cela sans acception « de province, de croyance et de classe ; nous désarme-

______

(1) L'exarque bulgare Anthime I était alors malade et ne prit pas part au Conseil.

(2) Drandar. *Les événements politiques en Bulgarie depuis 1876.*

(3) Protocole du 31 mars.

« rons si la Russie désarme ; mais nous protestons contre
« la tutelle humiliante que l'Europe voudrait étendre
« sur nous, contrairement au traité de Paris et au mé-
« pris du Droit des Gens. »

Il n'entre pas dans le plan que nous nous sommes
tracé, de faire l'historique de la guerre russo-turque, ni
de rechercher si la Russie pouvait considérer comme
un *casus belli* le refus opposé par la Porte à admettre
l'ingérence étrangère dans ses affaires intérieures ;
mais un fait à signaler c'est l'enthousiasme avec lequel
les Bulgares accueillirent les troupes russes, lorsqu'elles
eurent franchi le Danube. Ils donnèrent d'ailleurs à la
Russie, au cours de cette guerre, plus que leur concours
moral ; de nombreux bataillons de volontaires s'étaient
joints aux armées du tzar et contribuèrent ainsi à la défaite finale des Turcs.

L'armée du Sultan avait opposé une résistance héroïque ; mais, accablée par le nombre et obligée d'épar-
piller ses forces pour maintenir les populations balkaniques prêtes à seconder la marche en avant de
l'envahisseur, elle dut battre en retraite. La brèche de
Plewna fit tomber le dernier obstacle à l'ambition moscovite en permettant à l'armée du tzar de venir camper
sous les murs de Constantinople. La Porte aux abois se
résigna alors à implorer une paix désastreuse et à subir
les dispositions onéreuses du traité de San Stéfano du
3 mars 1877 (1).

(1) D'après un bruit qui est passé à l'état de tradition en Bulgarie,

Le Sultan cédait au tzar, des territoires importants
tant en Europe qu'en Asie. Bien que la souveraineté de
la Porte sur la Thessalie, l'Épire, la Bosnie, l'Herzégovine
et l'Albanie fût maintenue, le traité les isolait complètement du reste de l'Empire par la création d'une principauté désignée sous le nom de Grande Bulgarie, dont
les limites s'étendaient du Danube à l'Archipel et de la
mer Noire à la chaîne du Pinde (1).

Cette principauté autonome tombait sous la protection russe et n'était plus soumise à la Turquie que par un
faible lien de vassalité, représenté par le payement d'un
tribut annuel.

Il n'était pas difficile de prévoir l'inquiétude que ce
traité léonin allait provoquer dans toute l'Europe; il
devenait évident que la Russie aurait à lutter contre un
nouvel adversaire ou qu'elle aurait à accepter la revision par l'Europe du traité de San Stéfano.

la rédaction du projet de traité aurait été faite par le secrétaire
particulier du général Ignatieff, le prince Tzeretelew, et le correspondant du *New-York Herald*, M. Mac Gahan.

(1) La principauté avait une étendue de 164.006 kilomètres carrés, et comptait 4.500.000 habitants.

CHAPITRE II

LA BULGARIE ET LA ROUMÉLIE ORIENTALE D'APRÈS
LE TRAITÉ DE BERLIN

Lorsque les stipulations du traité de San Stéfano furent connues en Europe, la stupéfaction fut générale. En Russie même, beaucoup de sages esprits comprirent que ce traité était une faute qui fournissait à l'Angleterre l'occasion perdue à la suite de l'entretien du comte Schouvaloff avec Lord Derby de reprendre une attitude plus ou moins justifiée de défenseur des intérêts européens. Le gouvernement russe avait toujours déclaré très haut et très officiellement qu'il avait entrepris la guerre sans la moindre intention d'en retirer d'avantages pour lui-même, mais uniquement en vue de soustraire à l'avenir les frères Slaves aux excès de la Porte. Ce qu'il recherchait c'était donc un triomphe purement moral.

Quelques mois avant la guerre, en novembre 1876, le prince Gortchakoff l'avait encore affirmé expressément dans une dépêche adressée au comte Schouvaloff et dans laquelle il était dit : « Je vois avec une profonde

« surprise que les idées de nos convoitises sur Constan-
« tinople et du testament de Pierre le Grand, continuent
« à hanter quelques esprits en Angleterre. J'avoue que
« je croyais ces vieilleries hors de crédit et releguées
« avec la conquête des Indes par la Russie dans le do-
« maine de la mythologie politique. Combien de fois les
« empereurs de Russie ont-ils répété publiquement
« qu'aucune annexion territoriale en Turquie n'entrait
« dans leur politique; qu'ils en seraient fort embarrassés,
« et que le maintien du *statu quo* en Orient était la
« meilleure des combinaisons. Or, vu notre forme de
« gouvernement, la parole du souverain n'est pas une
« déclaration parlementaire révocable au gré des majo-
« rités; elle engage leur loyauté personnelle (1). »

Quelques mois à peine après ces déclarations, la
Russie se faisait consentir un traité qui la rendait
indirectement maîtresse de la Turquie, isolant les possessions directes du Sultan en Europe, de toute communication avec le reste de l'Empire, et constituant
aux portes mêmes de Constantinople une vaste principauté bulgare qui devait fatalement tomber sous l'influence russe par le mandat qu'elle s'attribuait d'organiser le nouvel Etat.

Il était certain que les puissances signataires du
Traité de Paris n'accepteraient pas les clauses du traité
de San Stéfano qui détruisait la garantie collective de

(1) V. Daniel, *Année politique*, 1876.

l'intégrité de la Turquie posée par l'art. 9 de l'Acte de 1856, au profit d'une seule des puissances signataires. Deux Etats surtout, l'Angleterre et l'Autriche étaient particulièrement intéressés au maintien du *statu quo* en Orient. L'Autriche, depuis qu'elle avait été évincée de la Confédération allemande et que son expansion politique vers l'Ouest était devenue impossible, reportait ses espérances et ses ambitions du côté des Balkans. Elle cherchait à exercer une suprématie à la fois politique et économique dans la péninsule ; or, logiquement, elle ne pouvait admettre dans la région, la constitution d'un Etat slave, entièrement soumis à l'influence russe et qui aurait donné toute la prépondérance politique à la Russie. Le cabinet de Saint-Pétersbourg, comprenant combien il importait de désintéresser l'Autriche, était disposé à lui faire des concessions, pour en obtenir en revanche, un engagement séparé qui eût laissé l'Angleterre isolée. Le général Ignatieff fit, à cet effet, à Vienne, un voyage diplomatique qui n'aboutit à aucun résultat. L'Autriche déclara qu'elle n'entendait point se séparer des autres puissances européennes dans le règlement de la question orientale.

Toutes étaient d'ailleurs d'accord pour ne pas laisser modifier, sans leur participation, l'œuvre du Congrès de Paris. Le prince de Bismarck, qui tenait alors en main les fils de la diplomatie européenne, ne pouvait tolérer que la Russie absorbât à son profit la totalité de

l'élément slave. Ayant enlevé à l'Autriche toute influence
en Allemagne, il tenait à lui laisser un champ d'action
libre du côté de l'Empire Ottoman. Brider l'Autriche et
la rassurer, encourager la Russie et plus tard la contenir, enfin, empêcher l'alliance des trois Empires de se
dissoudre, c'était là le rôle que s'était assigné le prince
de Bismark à l'ouverture des hostilités. On raconte
qu'un jour le prince, en causant avec un diplomate
étranger, lui aurait confié ses espérances pour la loca-
lisation de la guerre, mais il aurait ajouté que pour
obtenir une paix durable, il fallait trancher dans le
vif, et donner aux dépens de la Turquie des satisfactions
matérielles à la Russie, et des compensations à l'Autriche, à l'Angleterre, même à la France. « S'il y a des
annexions pour tout le monde, on ne me reprochera
plus celles que j'ai faites !... » disait-il, en terminant (1).

Quant à l'Angleterre, le maintien des stipulations du
traité de San Stéfano, c'était pour elle la ruine de toute
influence turque en Europe, l'établissement solide de
la puissance moscovite dans la péninsule des Balkans;
la route de l'Inde se trouvait par conséquent menacée et son prestige militaire qui est une condition
morale essentielle de sa domination indienne, fortement compromis.

C'est dans ces circonstances que la Russie se sentant
épuisée par sa victoire et incapable d'imposer son œuvre

____

(1) La question d'Orient et le Congrès de Berlin. — Paris, 1878.

à l'Europe, se décida à accepter le contrôle des puissances. Mais, auparavant, elle tint à se rendre compte de l'importance des sacrifices qu'on voulait exiger d'elle et de ce qu'elle pourrait conserver. Dans ce but, elle signa avec l'Angleterre, une Convention secrète, le Mémorandum du 30 mai 1878 qui déterminait l'attitude de chacune des deux puissances au futur Congrès. Le comte Schouvaloff et le marquis de Salisbury, signataires de cette pièce, se mettaient d'accord sur les points suivants :

La Bulgarie nouvelle à la différence de celle de San-Stéfano ne toucherait pas à la mer Egée, sa frontière Occidentale serait rectifiée sur la base du principe des nationalités, de manière à en exclure les populations non Bulgares.

La Bulgarie, ainsi délimitée devait être partagée, en deux provinces : l'une au nord des Balkans serait dotée d'une autonomie politique sous le gouvernement d'un Prince ; l'autre, au sud des Balkans, recevrait une large autonomie politique et administrative, (par exemple à l'instar de celles qui existent dans les colonies anglaises) avec un gouverneur chrétien nommé avec l'assentiment de l'Europe pour 5 à 10 ans. Le principe du retrait des troupes turques était également accepté par l'Angleterre, sous la réserve du droit du sultan de pouvoir cantonner des troupes sur les frontières de la Bulgarie Méridionale. Enfin, l'Angleterre se réservait le droit de demander au Congrès que la réorganisation

des deux parties de la Bulgarie eut lieu avec la participation de l'Europe qui fixerait la nature et la durée de
l'occupation russe en Bulgarie, et de soumettre au
Congrès le nom à donner à la nouvelle province méridionale (1).

C'est sur ces bases contenues dans la Convention
Schouvaloff-Salisbury, sûre désormais d'être appuyée
par l'Angleterre dans ces questions primordiales, et
certaine de conserver un minimum d'avantages appré-
ciables, que la Russie consentit à laisser régler par
l'Europe les conditions de la paix.

Cette attittude conciliante de la Russie s'explique
parfaitement, si l'on songe que nullement en mesure
de lutter contre l'Angleterre, ses hommes d'Etat avaient
cependant conscience que l'opinion publique Européenne ne pourrait supporter le retour au *statu quo ante
bellum*, et que dès lors sous une forme ou sous une
autre, la révision du Traité de San Stéfano ne serait
qu'une simple formalité ayant pour but de calmer les
susceptibilités de l'Angleterre et des puissances signataires du Traité de Paris.

Bien que la Convention Schouvaloff-Salisbury ait été
l'objet d'attaques très vives de la part de la presse en
Russie, il nous semble non seulement que ces critiques
étaient injustifiées, mais aussi qu'elles étaient le reflet
d'un chauvinisme étroit dont les conséquences auraient

(1) V. Daniel, *Année politique*, 1878. — A. d'Avril, *Négociations relatives au Traité de Berlin.*

pu être désastreuses pour la Russie. Il a été d'ailleurs impossible à son auteur de s'en défendre, à moins d'avouer ce que le prince Gortchakoff savait fort bien, que l'Angleterre avait été en somme dupe de cette Convention.

Les plénipotentiaires réunis à Berlin étaient tous pénétrés d'un même désir très sincère : édifier une œuvre solide susceptible d'assurer à l'Empire Ottoman et à l'Europe une paix durable. « Le Congrès est réuni, disait M. de Bismarck, non pour sauvegarder les intérêts de la Turquie, mais pour préserver la paix de l'Europe dans le présent et dans l'avenir (1) ». Pour cela tous étaient à peu près d'accord sur deux points :

1° Nécessité de maintenir l'Empire Ottoman dont la chute eût déchaîné toutes les convoitises et jeté l'Europe dans des difficultés inextricables; or, sur ce point, le traité de San Stefano, par les avantages qu'il faisait à la Russie, mettait la Turquie dans la dépendance absolue de cette puissance et équivalait à son anéantissement. De là, l'entente unanime de faire à la Russie le moins de concessions possibles, tout en la dédommageant des sacrifices faits par elle dans la dernière guerre, et de dresser contre elle une solide barrière qui lui fermerait l'accès de Constantinople, au risque même de froisser les susceptibilités nationales des populations balkaniques.

2° Régler le sort des populations chrétiennes de la péninsule en prenant pour base le principe des natio-

____

(1) Séance du 28 juin 1878. Protoc. VIII.

nalités, sinon d'une manière absolue, du moins dans la mesure où il serait compatible avec le respect de la souveraineté du Sultan.

Il était devenu notoire que musulmans et chrétiens ne pourraient jamais vivre en paix, côte à côte, sous l'autorité turque ; que les premiers, considérant toujours les autres comme de race inférieure, les traîteraient en vaincus, c'est-à-dire les opprimeraient ; que les chrétiens ne pouvant plus supporter cette inégalité, incompatible avec les principes du droit naturel, chercheraient sans cesse à s'y soustraire par la révolte. D'un autre côté, il était évident que la Porte était incapable de réfréner les passions réligieuses et le fanatisme de ses sujets musulmans et de comprimer chez ses sujets chrétiens les aspirations vers l'indépendance.

Les nombreuses tentatives déjà faites avaient toutes piteusement avorté, la dernière avait eu lieu en 1867. On avait une fois de plus essayé de consolider l'autorité du Sultan sur tous ses sujets pour lui permettre de les maintenir dans le devoir. Afin de rendre à ceux-ci l'obéissance plus facile, on avait imposé au Sultan un ensemble de réformes libérales. Le résultat avait été l'insécurité de jour en jour croissante, la révolte et finalement l'entrée en campagne de la Russie en 1877.

Aussi, à Berlin, les délégués de l'Europe étaient-ils unanimes à suivre un système tout opposé qui consistait à donner une autonomie complète aux populations jouissant déjà d'une semi-indépendance ; à appeler à une autonomie partielle celles qui ne connaissaient pas encore la liberté.

Pour l'exécution de ce plan, l'Europe s'attribuait un mandat et consacrait le principe d'intervention dans les affaires intérieures de la Turquie. Elle s'interposait entre le souverain et ses sujets et se réservait partout le droit de surveiller l'application des réformes. Conception ingénieuse s'il en fut, mais contraire aux principes essentiels du Droit des Gens, par laquelle on pensait mettre fin à l'oppression des uns, aux révoltes des autres et tarir pour longtemps la source des difficultés en Orient.

Au premier rang des questions que le Congrès eut à discuter, dès ses premières séances, la principale et de beaucoup la plus importante était la question Bulgaro-Rouméliote. C'est, en effet, de sa solution, que dépendait la valeur de l'œuvre du Congrès. La résoudre par le maintien du *statu quo ante bellum* était impossible, car c'était laisser au sein de la Turquie, un foyer de révolution toujours prêt à se rallumer ; la résoudre au contraire conformément aux prétentions russes, c'était décréter la déchéance à bref délai et la fin de l'Empire Ottoman.

Les discussions sur ce point furent longues. Afin de se concilier l'opinion de ses collègues, le prince Gortchakoff avait beau déclarer que la principauté de Bulgarie du traité de San Stéfano, ne deviendrait pas une annexe de la Russie, tous étaient d'avis qu'il était in-

dispensable de modifier les dispositions de ce traité.
Les plénipotentiaires anglais en prirent l'initiative
en demandant la division de la Bulgarie en deux
tronçons.

« L'effet le plus frappant des articles du traité de
« San Stéfano, qui ont rapport à la Bulgarie, déclara
« Lord Salisbury, est d'abaisser la Turquie jusqu'au ni-
« veau d'une dépendance absolue envers la puissance
« qui a imposé ce traité. D'autres dangers non moins im-
« portants sont à craindre : la race grecque qui habite de
« nombreux endroits de la nouvelle Bulgarie sera assu-
« jettie à une majorité slave avec laquelle ses relations
« ne sont guère paisibles. En outre, l'admission au littoral
« de la mer Egée d'une nouvelle puissance maritime ne
« pourrait être agréée sans un vif sentiment de regret
« par les puissances voisines de la Méditerranée.

« Selon mon avis, on doit trouver un remède à ces ré-
« sultats nuisibles, dans une modification des articles
« relatifs à la question. Si la Balgarie au lieu de s'étendre
« jusquà la mer Egée et au lac Ochrida était limitée vers
« le sud à la ligne des Balkans, et que l'autre partie des
« territoires bulgares restât sous l'autorité du Sultan, ces
« dangers seraient beaucoup mitigés, même s'ils ne dis-
« paraissaient pas entièrement » (1).

Les plénipotentiaires russes répondirent qu'entre la
délimitation de la principauté de Bulgarie, telle qu'elle

____

(1) *Livre jaune.* Affaires d'Orient, 1873.

résultait du traité de San Stéfano, et celle qui était proposée par Lord Salisbury, il y avait un terrain d'entente sur les limites fixées par la Conférence de Constantinople. Ils faisaient remarquer que ces limites avaient
l'avantage non seulement d'avoir été tracées par les représentants de l'Europe eux-mêmes, mais encore de se
trouver conformes aux conditions ethnographiques de
la nation bulgare.

Mais l'Angleterre et l'Autriche étaient fermement résolues à restreindre autant que possible la nouvelle
principauté. L'Autriche voulait même que la Roumélie
Orientale restât comme la Macédoine sous le gouvernement direct du Sultan, sauf application de réformes. La
proposition fut repoussée. L'entente ayant été déjà établie
par la convention Schouvaloff-Salisbury, entre les deux
principales intéressées, c'est sur ses bases que le
Congrès se mit d'accord.

La Russie s'étant toutefois réservé le droit de discuter
la question de l'occupation militaire turque dans les
Balkans, on put croire un instant que toute l'œuvre allait
être de nouveau compromise. Se basant sur le danger
qu'elles faisaient courir aux populations, mais en réalité
dans l'arrière dessein de priver la Turquie de tout moyen
efficace de protéger sa frontière du Nord, les plénipotentiaires russes voulurent empêcher les troupes du
Sultan de tenir garnison dans les Balkans ; ils demandaient tout au moins qu'une Commission Européenne
fut chargée de fixer les points que le Gouvernement

Ottoman pourrait occuper sur ces frontières et le
chiffre approximatif des troupes d'occupation. Lord
Beaconsfield répondit que ce serait là une atteinte
grave portée au droit de souveraineté du Sultan, qui
« comme membre du corps politique de l'Europe doit
jouir d'une position qui lui assure le respect de ses
droits souverains. »

Bien que ce rappel des principes essentiels de la souveraineté parut paradoxal dans un Congrès, qui s'était
assigné pour tâche de régler à sa guise la situation de
la Turquie, permettant à peine aux délégués Ottomans
de présenter leurs observations, on ne peut nier que
l'Angleterre se montrât alors l'adversaire le plus in-
transigeant d'un Etat bulgare ; Lord Beaconsfield
rappelant vertement au respect du droit le comte
Schouwaloff qui avait fait observer que la situation de
la nouvelle province de la Roumélie Orientale étant
anormale, ne saurait être réglée d'après des principes
absolus. (1)

Le traité de Berlin du 19 juillet 1878 a constitué et
est encore en quelque sorte, malgré les nombreuses
violations qu'il a subies, la Charte des peuples Orientaux de l'Europe Moderne. Nous n'avons à nous occuper
ici que des articles relatifs à la question Bulgaro-Rouméliote ; articles qui divisaient la Grande Bulgarie du
traité de San Stéfano en trois tronçons. Le premier au

(1) *Livre jaune* « Affaires d'Orient 1878. »

Nord, sous le nom de Bulgarie formait une principauté autonome ; le second au sud des Balkans sous le nom de Roumélie Orientale, restait une province de l'Empire Ottoman, mais jouissait d'une large autonomie administrative ; le troisième enfin, au sud des deux autres, touchait à la mer Egée, comprenait la Thrace avec une partie de la Macédoine et restait pleinement soumis à l'autorité directe du sultan.

La principauté de Bulgarie était comprise entre le Danube au Nord et la chaîne des Balkans au Sud, la mer Noire à l'Est, et la frontière Serbe à l'Ouest ; elle était ainsi réduite de 164.000 kilommètres carrés à 64.390, et de 4 millions et demi d'habitants à 1.850.000. Elle était constituée en principauté autonome et tributaire sous la suzeraineté du Sultan et devait être gouvernée par un prince librement élu par les populations et confirmé par la Porte avec l'assentiment des Puissances. Afin d'assurer l'indépendance du nouvel Etat, il était stidulé qu'aucun membre des dynasties régnantes des Grandes Puissances ne pourrait être élu Prince de Bulgarie. La Constitution de la principauté devait être élaborée avant même l'élection du Prince par une assemblée de notables bulgares, réunis à Tirnovo, capitale de l'ancien Empire Slave ; le Traité obligeait seulement les futurs auteurs de la Constitution de respecter les principes du Droit Public moderne : la jouissance des droits civils et politiques pour tous les citoyens sans distinction de croyance ni de confession, l'admissibilité de

tous aux fonctions et emplois publics, la liberté de
commerce, de l'industrie et des cultes. Au point de
vue international, il était stipulé que les traités et conventions conclus par la Porte avec les puissances étrangères devaient rester en vigueur dans la nouvelle principauté, ainsi que les capitulations. Quant au tribut, le
Traité de Berlin n'en ayant pas fixé le chiffre, il restait
à être déterminé par les représentants des Puissances
après que la nouvelle organisation aurait fonctionné
pendant un an, et devait être établi sur le revenu
moyen du territoire de la Principauté. La quote-part de
la dette publique Ottomane qui incombait au nouvel Etat
devait également être fixée par la Commission Européenne en même temps que le tribut annuel « sur la
base d'une équitable proportion. » (art. 9.)

L'armée Ottomane ne devait pas séjourner en Bulgarie, mais le gouvernement de la Principauté s'engageait à faire raser dans le délai d'un an, toutes les forteresses occupées auparavant par les Turcs, sans
pouvoir en construire d'autres.

Enfin le Traité contenait des dispositions transitoires
importantes telles que celle-ci : jusqu'à l'achèvement
de la Constitution, l'administration provisoire de la Bulgarie, sera confiée à un Commissaire Impérial russe,
assisté et contrôlé par un Commissaire ottoman et
les consuls délégués par les Puissances signataires.

La province créée au Sud des Balkans recevait le
nom de Roumélie Orientale ; on ne voulait pas l'appeler

Bulgarie Méridionale pour que le morcellement d'un peuple fut moins apparent et que les deux fractions ainsi séparées fussent moins tentées de se réunir. La Roumélie d'une superficie de 35 387 kilomètres carrés et peuplée de 751 000 habitants demeurait placée « sous l'autorité politique et militaire de S. M. S. le sultan dans des conditions d'autonomie administrative (art. 13). » Elle devait avoir un gouverneur général chrétien, nommé par le Divan avec l'assentiment des Puissances pour un terme de cinq ans. Faisant partie intégrante de l'Empire Ottoman, les traités et conventions conclus par la Porte, ainsi que les immunités et privilèges acquis aux étrangers en vertu des capitulations, restaient applicables en Roumélie, comme dans tout le reste de l'Empire. De même, la Turquie conservait le droit de pourvoir à la défense de la province en élevant des fortifications sur ses frontières et en y entretenant des troupes. Ses droits souverains étaient ainsi fermement maintenus ; si dans la suite le gouvernement ottoman n'a pas cru devoir les invoquer, il a commis une faute lourde qui a facilité la poursuite des menées bulgares en Macédoine.

Au point de vue intérieur, il est à remarquer que si la tâche de maintenir l'ordre était confiée à une gendarmerie indigène assistée d'une milice locale, le gouverneur général conservait le droit d'appeler les troupes ottomanes, dans les cas où la sécurité intérieure ou extérieure de la province se trouverait menacée, mais à charge pour la Porte de donner connaissance de cette décision ainsi que des nécessités la justifiant, aux représentants des grandes puissances à Constantinople.

Le soin de régler l'administration intérieure de la nouvelle province était confié à une Commission Européenne, qui avait à déterminer, d'accord avec la Porte, dans un délai de trois mois, les pouvoirs et les attributions du Gouverneur Général ainsi que le régime administratif, judiciaire et financier de la province. L'ensemble des dispositions arrêtées par la Commission devait faire l'objet d'un *Firman Impérial* communiqué aux Puissances. Provisoirement et jusqu'à l'achèvement de la nouvelle organisation, les finances de la province devaient être administrées par la Commission Européenne, et la Russie obtenait le privilège de faire occuper la Bulgarie et la Roumélie pendant un délai de neuf mois à dater de la ratification du Traité de Berlin pas un corps de 50000 hommes au maximum.

Il nous reste, maintenant, à examiner, dans ces détails, la nouvelle organisation de la Roumélie Orientale, connue sous le nom de « Statut organique », avant d'apprécier les faits qui ont amené les événements de septembre 1885, relevé le traité de San Stéfano et annihilé, en quelque sorte, les dispositions du traité de Berlin.

La Commission européenne se réunissait à Philippopoli en janvier 1879 et, après de nombreuses difficultés, votait, le 14-26 avril 1879, le Statut Organique de la

Roumélie Orientale qui confirmait les dispositions du Congrès et complétait l'organisation de la province.

Aux termes de ce Statut Organique, la Roumélie Orientale était déclarée partie intégrante de la Turquie. En conséquence, les lois de l'Empire s'y appliquaient en principe ; la justice y était rendue au nom du Sultan et les traités et conventions conclus ou à conclure par la Turquie, notamment les capitulations, restaient en vigueur comme dans le reste de l'Empire.

Le Statut Organique affirmait le principe de l'égalité des droits pour tous les habitants de la province, sans distinction de race et de culte, et consacrait en termes formels la liberté individuelle et religieuse.

Mais si la Roumélie était déclarée province ottomane, elle était dotée en même temps d'une autonomie administrative trop étendue et trop libérale dans certaines de ses dispositions pour un peuple dont toute l'éducation politique était encore à faire. Elle recevait un Gouverneur Général chrétien qui exerçait le pouvoir exécutif dans la province et n'était responsable qu'envers le Sultan des actes accomplis par lui dans l'exercice de ses fonctions. Conformément aux dispositions du Congrès de Berlin, il était nommé par le Gouvernement de Constantinople pour un délai de cinq ans, avec l'assentiment des puissances, et était assisté d'un secrétaire général également chrétien et nommé par le pouvoir central. Il nommait tous les fonctionnaires et magistrats, sauf les plus importants d'entre eux pour lesquels l'approbation de la Porte était nécessaire ; il disposait de la milice et de la gendarmerie locales et pouvait appeler, comme nous l'avons dit précédemment, les troupes ottomanes dans la province, s'il jugeait et déclarait sous sa responsabilité que la sécurité intérieure ou extérieure se trouvait menacée.

A côté du Gouverneur Général, les services administratifs étaient confiés à six administrateurs généraux, savoir : le Secrétaire Général directeur du département de l'intérieur, le directeur de la justice, le directeur des finances, le directeur de l'agriculture du commerce et des travaux publics, le directeur de l'instruction publique, enfin le commandant de la milice et de la gendarmerie. Ces administrateurs généraux formaient le Conseil privé du Gouverneur, lequel pouvait toujours prendre son avis, et était tenu même de le prendre sur certaines affaires d'intérêt public, sans que cet avis pût le lier.

Une Assemblée provinciale était investie de concert avec le Gouverneur Général du pouvoir législatif, pour toutes les affaires de la province. Les lois votées par elle devaient être seulement sanctionnées et promulguées par le Sultan.

L'Assemblée se composait : 1º de membres de droit au nombre de dix : le mufti, les chefs des cinq communautés religieuses chrétiennes, le principal rabbin, le président de la Cour suprême de justice, le président de la Cour suprême du contentieux administratif et le contrôleur en chef des finances.

2° De dix membres nommés par le gouverneur général et choisis autant que possible en nombre égal, parmi les plus grands propriétaires, négociants ou industriels, parmi les fonctionnaires civils et parmi les citoyens exerçant une profession libérale.

3° De trente-six membres élus par le suffrage direct au scrutin secret et renouvelables par moitié de deux en deux ans.

Etaient électeurs tous les Rouméliotes âgés de 21 ans, domiciliés en Roumélie et propriétaires, ou descendants en ligne directe de propriétaire d'un immeuble, ou d'un établissement de commerce ou d'industrie (1).

Etaient éligibles les électeurs âgés de 25 ans accomplis.

L'Assemblée avait une session annuelle de deux mois, au plus ; elle pouvait être convoquée en session extraordinaire par le gouverneur général et dissoute sur la proposition de celui-ci, par le Sultan. Elle nommait parmi ses membres un comité permanent servant de Conseil administratif au gouverneur général.

Au point de vue territorial, la Roumélie était divisée en six départements ; chacun d'eux était administré par un préfet assisté d'un Conseil de préfecture, et avait

____

(1) Etaient dispensés de remplir cette condition de fortune, les ministres des cultes, professeurs, magistrats, fonctionnaires, et les personnes munies d'un diplôme de capacité.

un Conseil général composé : des chefs des trois communautés religieuses les plus nombreuses dans le département, de membres élus en nombre quintuple des cantons du département, et de membres nommés par le gouverneur général en nombre égal à celui des cantons. Le Conseil général tenait deux sessions par an et réglait avec le préfet toutes les affaires de la circonscription administrative. Une commission départementale, choisie dans son sein, le représentait dans l'intervalle des sessions.

Dans chaque commune urbaine se trouvait un maire assisté d'un ou de plusieurs adjoints élus par un Conseil municipal. Les conseillers municipaux étaient élus pour trois ans par les habitants de la commune d'après les listes employées pour les élections provinciales. Le Conseil municipal réglait les affaires communales, et présidait avec le maire à l'administration de la commune, sous la surveillance du bailli cantonal et du préfet.

Dans les communes rurales dont les habitants appartenaient tous à la même communauté religieuse, il y avait un maire assisté d'un adjoint, avec un conseil des anciens ; celles dont les habitants appartenaient à deux ou plusieurs communautés religieuses, étaient divisées en autant de sections qu'il y avait de communautés, et la même organisation se répétait dans chaque section.

Au point de vue financier, la Roumélie Orientale participait aux charges générales de l'Empire dans la proportion des trois dixièmes de ses revenus, exception faite de ceux provenant des douanes et des postes et télégraphes qui étaient réservés à l'Empire.

La justice était rendue au nom du Sultan, d'après les lois Ottomanes, par les maires des communes, par les juges de canton, par les tribunaux de département et par une Cour Suprême de Justice siégeant à Philippopolis. Les tribunaux musulmans du « Chériat » et les autorités ecclésiastiques des autres communautés religieuses n'étaient désormais compétentes que pour les questions de mariage et de filiation, et pour les affaires de tutelle. Toutes les questions immobilières d'héritage, qui étaient auparavant de leur compétence, passaient dans celle des tribunaux civils, où un fonctionnaire était chargé du rôle de ministère public.

La liberté des cultes étant proclamée, les communautés religieuses ayant une existence légale conservaient les droits, privilèges et exemptions dont elles jouissaient antérieurement ; elles continuaient notamment à percevoir, avec l'aide et sous la protection des autorités publiques, les redevances consacrées par l'usage.

La sécurité intérieure et extérieure de la province devait être assurée par une milice locale et une gendarmerie indigène. La milice constituait l'armée rouméliote ; tout habitant indigène de la province était astreint au service militaire personnel dans la milice ou sa réserve. Cependant les étrangers pouvaient y servir, notamment comme officiers, à condition d'y être autorisés par ordonnance du gouverneur général.

La carte militaire de la province était divisée en douze districts de recrutement et une partie seulement des hommes inscrits sur les listes était appelée au service actif ; néanmoins, en cas de péril national, tout habitant valide de la province de dix-huit à cinquante ans, était à la disposition du gouvernement local.

La gendarmerie avait spécialement pour but de veiller à la sûreté publique, d'assurer le maintien de l'ordre et l'exécution des lois. Elle se recrutait par voie d'engagements volontaires parmi les hommes ayant terminé leur première année de service dans la milice locale. Toutes deux étaient placées sous l'autorité d'un commandant, nommé directement par le pouvoir central.

Telle est dans ses grandes lignes l'analyse de la constitution que la Commission européenne avait cru devoir octroyer à la Roumélie Orientale (1). Elle était certes libérale et imbue de principes démocratiques, autant que les esprits les plus avancés pouvaient le désirer. La Constitution belge avait incontestablement servi de modèle à ses rédacteurs ; mais ne pourrait-on pas leur reprocher de s'être inspirés d'idées beaucoup plus théoriques que pratiques ? Ils s'étaient divisé le travail entr'eux, le délégué anglais s'était chargé des lois électorales, l'autrichien de l'organisation judiciaire, l'italien

---

(1) Le Statut Organique de la Roumélie Orientale en 495 articles, était complété par des annexes qui réglaient les détails de l'organisation.

du régime financier, le français de l'organisation administrative. Etrangers aux mœurs, aux idées, aux coutumes du pays, ils avaient élaboré une Constitution qui pouvait avoir une certaine valeur scientifique, mais qui ne convenait pas au peuple auquel on la destinait. A un peuple nouveau qui n'avait jamais eu à se gouverner lui-même, il fallait une organisation simple et les commissaires semblaient avoir pris à tâche de multiplier tous les rouages administratifs dans le but d'en compliquer le mécanisme. Auparavant, la Roumélie Orientale était divisée en deux *sandjaks* (départements) et en 15 *cazas* (cantons) ; d'après la nouvelle organisation, il y avait six départements et 28 cantons, ce qui obligeait les Rouméliotes à entretenir six préfets, six conseils généraux et six secrétaires de préfecture, qui n'existaient pas auparavant, 28 baillis au lieu de 14 ; 28 commissaires de police et bien d'autres fonctionnaires dans toutes les branches de l'administration. Il en résultait de lourdes charges pour les Rouméliotes, qui avaient espéré obtenir de l'Europe un régime administratif beaucoup moins coûteux que le régime turc et qui éprouvaient de ce chef une cruelle déception.

De plus, le Statut Organique, qui comprenait 15 chapitres avec 496 articles, réglait l'organisation de la province non seulement dans ses grandes lignes, mais encore dans les moindres de ses détails. Oubliant que les nations sont des organismes vivants dont les besoins changent et appellent sans cesse des modifications, les commissaires de l'Europe avaient décidé qu'aucun des articles du Statut ne pourrait être modifié « qu'à la suite d'une entente entre la Sublime Porte et les autres puissances signataires du Traité de Berlin » (art. 495). Ils enserraient ainsi la Roumélie dans une réglementation en quelque sorte immuable et rendaient toute réforme extrêmement difficile.

Quant à l'autorité du Sultan sur la province, on peut dire qu'elle était à peu près annulée, bien qu'il conservât le droit de nommer le gouverneur général, la nécessité d'obtenir l'assentiment préalable des puissances paralysait en quelque sorte ce droit entre ses mains, en donnant toujours le dernier mot au Cabinet dont l'influence politique était alors prédominante (1).

Par contre, le Sultan avait le droit de sanctionner les lois votées par l'Assemblée Provinciale ; droit qu'il pouvait exercer contrairement aux intérêts et aux besoins de la province ; ce qui ne manqua pas d'arriver. C'est ainsi que la Porte refusa de sanctionner la loi qui autorisait le gouvernement rouméliote à conclure un

---

(1) Le gouverneur général ne pouvait être révoqué par le Sultan ; en cas de haute trahison seulement (art. 46), il pouvait être traduit devant une Haute Cour composée de 11 membres, dont 6 nommés par la Porte et 5 par l'Assemblée Provinciale. Mais comme la déchéance ne pouvait être prononcée que par une majorité de 7 voix, le pouvoir central pouvait difficilement obtenir la déchéance si l'Assemblée Provinciale soutenait le gouverneur.

emprunt de cinq millions de francs en France, pour favoriser l'agriculture ; qu'elle refusa d'autoriser en Roumélie la création d'une banque ; qu'elle refusa également de sanctionner la loi ordonnant la construction d'une ligne de chemin de fer de Jamboli à Bourgas (1). En résumé, le Statut Organique était imparfait en ce qu'il s'adaptait mal aux besoins des populations rouméliotes, qui d'ailleurs n'avaient pris aucune part dans sa rédaction, et ne maintenait que d'une façon illusoire les prérogatives souveraines de la Porte. Sa promulgation causa dans la province une douloureuse surprise, et l'on peut dire qu'il y fut mal accueilli.

Le traité de Berlin, conclu quelques mois auparavant, avait-il eu du moins un meilleur sort ? Les chancelleries européennes dont il était l'œuvre, sans se faire d'ailleurs, trop d'illusions sur sa valeur intrinsèque, le signèrent avec une satisfaction sincère. Par toutes, il fut considéré comme une transaction acceptable, avantageuse même en ce qu'il écartait pour le moment le danger d'une guerre imminente. C'était, comme on l'a dit, « un instrument d'opportunisme appliqué à des rivalités hostiles (2) », une transaction entre le traité de Paris et le traité de San Stéfano, qui devait être acceptée par tous comme une loi de nécessité imposée

(1) V. Draudar. *Les événements politiques en Bulgarie.* Renouard. *Les deux Bulgaries.* E. de Laveleye. « En deçá et au-delà du Danube. » *Revue des Mondes,* 15 janv. 1886.

(2) Brunswick. *Le Traité de Berlin annoté et commenté.*

par les exigences de la paix européenne. En ce qui
concerne spécialement la division de la Grande Bulgarie en deux, division qui maintenait les Bulgares
dans des limites restreintes, le Congrès la considérait
comme la seule solution susceptible de ne pas éveiller
la jalousie des peuples voisins, notamment des Serbes,
et d'éviter ainsi une conflagration générale des principautés balkaniques (1).

La nouvelle province de Roumélie Orientale apparut
aussi comme devant jouer avantageusement le rôle
d'un Etat tampon entre la Turquie et la Bulgarie, considérée historiquement comme l'avant-garde de la
Russie en Orient.

Malheureusement la sécurité que le traité de Berlin
offrait à l'Europe était trompeuse et cet acte portait
en lui le germe de difficultés nouvelles. Les chancelleries qui l'avaient signé avaient été guidées par une
double idée: d'une part maintenir l'Empire Ottoman
dans des conditions territoriales qui pussent lui permettre d'arrêter l'envahissement moscovite ; de l'autre
faire une large concession au droit qu'on reconnaît aux
peuples modernes, de disposer librement d'eux-mêmes.
C'était la première fois que l'Europe entrait résolument en Orient dans l'application du principe des nationalités (2); mais elle crut pouvoir en faire une adap-

(1) V. dans la II° partie les développements sur la question de l'équilibre des Balkans.

(2) Nous faisons exception de l'indépendance du peuple helléni-

tation restreinte, conciliable avec les droits séculaires
de l'Empire Ottoman, en n'affranchissant pas tous les
sujets chrétiens du Sultan qui réclamaient leur indépendance. A ceux qu'elle affranchit même, elle ne
donna souvent qu'une autonomie partielle, convaincue
que l'autorité de ses décisions suffirait à maintenir ces
peuples dans l'obéissance. C'est en cela que résidait
l'erreur initiale, qui a rendu instable toute l'œuvre
élaborée à Berlin. Les chrétiens de l'Empire ne virent
pas que le Congrès avait eu surtout en vue le maintien
de la domination turque en Europe ; ils pensèrent que
désormais la politique des grandes puissances en
Orient tendrait à appuyer leurs revendications, et que
c'était à eux de poursuivre l'exécution d'un plan simplement ébauché à Berlin. De sorte que cette œuvre destinée dans la pensée de ses auteurs à mettre un terme
aux aspirations nationalistes des sujets chrétiens du
Sultan, ne servit qu'à accroître leur ambition et leur
désir d'indépendance.

En ce qui concerne la question Bulgaro-Rouméliote
le traité de Berlin reçut des intéressés l'accueil que
l'on pouvait prévoir. La Turquie n'avait certes pas
lieu de s'en féliciter, car s'il lui conservait l'existence,
en revanche il consommait sa déchéance irrémédiable ;
l'Empire Ottoman était démembré, ruiné, et les ennemis qui l'entouraient voyaient croître leurs forces.

que qui semble plutôt être le résultat de l'*idéalisme* politique qui
régnait alors à Londres et à Paris.

Mais, en somme, la Porte était la vaincue de la dernière guerre ; elle ne pouvait pas oublier que c'en était fait de sa domination sur les rives du Bosphore, si l'Europe n'avait pas arrêté les Russes aux portes de Constantinople.

L'intervention étrangère une fois de plus l'avait sauvée de la mort et elle ne pouvait qu'accepter un traité qui lui imposait pourtant de si lourds sacrifices.

Quant à la Russie, elle voyait sans doute l'influence de l'Autriche croître dans la presqu'île des Balkans aux dépens de la sienne ; sans doute, elle était obligée de faire des concessions onéreuses à propos de la délimitation de la Bulgarie, et de plus là où le Traité de San Stéfano stipulait pour l'organisation du nouvel Etat, l'intervention d'un commissaire russe, le Traité de Berlin instituait une commission européenne ; mais en somme la diplomatie russe avait commis une faute en imposant le traité de San Stéfano à la Turquie réduite à l'impuissance et elle ne pouvait prétendre le faire ratifier par l'Europe (1). D'ailleurs, le traité de Berlin lui

(1) La Convention Schouvaloff-Salisbury qui consacrait le premier abandon des prétentions russes, a été vivement critiqué en Russie. Ces critiques étaient d'ailleurs totalement injustifiées. Le comte Schouvaloff savait que toute résistance devait fatalement amener une rupture avec l'Angleterre ; il savait aussi que la Russie était épuisée par la guerre et qu'en cas d'un nouveau conflit armé, elle serait aussitôt conduite à la banqueroute, ainsi que M. Chichkine, ancien Ministre des Finances, l'a déclaré lui-même. Dans ces conditions, on peut soutenir qu'en signant la Convention qui porte son nom, le comte Schouvaloff a rendu un réel service à son pays.

abandonnait presque tous les fruits de sa victoire. La Bulgarie était bien réduite, il est vrai, mais n'était-elle pas destinée à tomber, du consentement tacite de tous les plénipotentiaires, sous l'influence et le protectorat russes ?

La séparation de la Roumélie, elle-même, n'était pas faite pour l'inquiéter beaucoup ; le rattachement à la principauté bulgare du Sandjak de Sofia et de la vallée de l'Ichtiman avec le défilé de ses montagnes, notam·ment la porte de Trajan, rendait l'entrée de la Roumélie plus que facile aux armées russes et diminuait de beaucoup l'importance qu'avait pour les Turcs, la possession de la ligne stratégique des Balkans. En outre Cabinet de Saint-Pétersbourg savait parfaitement que les Rouméliotes se soulèveraient, quand il le voudrait, po ur s'unir aux Bulgares.

Ce furent, en effet, les Bulgares et surtout les Rouméliotes qui protestèrent le plus vivement contre le Traité de Berlin. Il est à remarquer du reste que lorsque ce traité fut signé, les choses n'étaient plus entières en Roumélie ; dès le lendemain du traité de San Stéfano, la Russie sans perdre de temps avait commencé à en appliquer les stipulations. Elle avait envoyé, comme commissaire Impérial, le Prince Dondoukoff-Korsakoff qui arriva à Philippopoli en mai 1878. Il forma aussitôt une sorte de ministère qui donna à la Roumélie sa première organisation et initia ainsi le pays, à la pratique de l'autonomie et à l'idée d'une indépendance complète.

Lorsque peu de temps après son arrivée, le bruit se répandit que le traité de San Stéfano allait être modifié, et la Grande Bulgarie démembrée, un profond mécontentement s'éleva et provoqua la réunion à Philippopoli d'un grand nombre de notables qui proposèrent au prince Dondoukoff l'envoi de deux délégués au Congrès de Berlin, pour protester contre le démembrement de la nation bulgare. Le tzar, consulté, déconseilla la mesure, mais lorsque les décisions du traité de Berlin furent connues, de violentes protestations s'élevèrent des deux côtés des Balkans. Les Rouméliotes rédigèrent un mémorandum et le firent présenter par trois délégués : MM. Natchévitch, Grecoff et Iconomoff, aux ambassadeurs des puissances signataires à Constantinople. Ils y soutenaient que la Roumélie et la Bulgarie du Nord étaient peuplées d'habitants de même race, de même religion et de mêmes mœurs qui désiraient former un seul Etat ; que la séparation des deux fractions du territoire produirait dans chacune une agitation permanente qui risquerait de compromettre la sécurité de l'Empire Ottoman. Les ambassadeurs firent à la délégation un accueil courtois, mais ne lui permirent pas d'espérer que les grandes puissances reviendraient sur leurs décisions.

Les Rouméliotes songèrent alors à s'adresser à la Commission européenne qui personnifiait l'Europe assemblée pour l'organisation du nouvel état de choses dans les Balkans. Ils lui firent parvenir une pétition dans laquelle ils se disaient dignes de la liberté et exprimaient leur crainte de retomber sous l'autorité Ottomane et de se voir de nouveau soumis aux exigences de ses fonctionnaires. La Commission européenne répondit qu'elle n'avait d'autre mission que d'appliquer le traité dé Berlin, sans pouvoir le modifier. Elle essayait, en outre, de rassurer les protestataires en affirmant que l'autonomie administrative dont ils allaient être dotés, équivalait pour eux à l'indépendance complète, et que, quant à elle, elle ne négligerait rien pour que la nouvelle organisation de la province leur apportât toutes les garanties désirables.

N'ayant pu obtenir satisfaction de ce côté, les Rouméliotes firent encore une dernière tentative auprès des cabinets de Saint-Pétersbourg, Londres, Paris, Vienne et Berlin pour protester contre le démembrement de la nation bulgare et insister sur le danger qu'il faisait courir à la tranquillité de l'Empire Ottoman et à la paix de l'Europe. Les deux délégués, MM. Jankouloff et Guéchoff reçurent partout les assurances de sympathie des gouvernements intéressés à la prospérité des peuples balkaniques, mais partout on leur conseilla de s'incliner devant les décisions unanimes du Congrès de Berlin.

Ce fut là, le dernier acte de protestation ; les Bulgares du Nord et les Rouméliotes vécurent dès lors séparés, mais se sentant unis par des affinités de race et de sentiments. A la Conférence de Constantinople,

tous les plénipotentiaires avaient reconnu l'existence
d'une nation bulgare et la nécessité de la soustraire à
la domination musulmane. Le Traité de San Stéfano
n'avait fait qu'appliquer ce programme. Pourquoi le
Traité de Berlin le répudiait-il maintenant? A vrai
dire, les Bulgares restèrent persuadés qu'ils avaient
été sacrifiés à l'intérêt de la Turquie et aux exigences
de la diplomatie européenne et n'eurent plus qu'un
idéal, se réunir en un seul corps de nation. Dès 1878,
les diplomates, les publicistes prévoyaient déjà que
l'œuvre du Congrès de Berlin en Roumélie ne serait
pas durable et que dans un avenir prochain l'Europe
étonnée verrait s'accomplir la réunion en un seul
peuple des membres disjoints de la nationalité bulgare,
tout comme s'était faite l'unité allemande et l'unité
italienne (1).

(1) Bluntschli. *Le Congrès de Berlin et sa portée au point de vue
du Droit International. — Revue de Droit Int. Public*, 1879.

CHAPITRE III

LA BULGARIE ET LA ROUMÉLIE ORIENTALE DU TRAITÉ DE
BERLIN A LA RÉVOLUTION DU 18 SEPTEMBRE 1885

Les diplomates qui rédigèrent le traité de Berlin,
avaient considéré la division de la Bulgarie en deux
parties, soumises chacune à un régime différent,
comme une conception ingénieuse, une transaction de
nature à contenter tout le monde. Si la Turquie conservait sa souveraineté sur une partie tout au moins
de ses anciennes possessions, la Russie ne pouvait
qu'envisager favorablement la constitution d'un Etat
bulgare libre qu'on abandonnait tacitement à son influence. Il semblait aux signataires du traité que la solution à laquelle ils étaient arrivés après de nombreuses
difficultés, offrait des éléments sérieux de stabilité en
permettant efficacement à la Turquie de protéger sa

frontière contre l'ambition des descendants de Pierre le Grand, et en donnant par contre une satisfaction suffisante aux prétentions de la Russie.

Mais les événements allaient sans tarder infliger à la diplomatie, le plus formel des démentis, et montrer combien était puérile la prétention de la part du Congrès d'imposer à un peuple des barrières à son développement historique.

Nous avons maintenant à faire l'historique des événements qui se sont déroulés pendant la période qui va du congrès de Berlin à la révolution de Philippopoli du 18 septembre 1885.

Au lendemain du traité de Berlin, l'attitude des intéressés était très nette. La Turquie ne pouvant faire autrement, était résignée à exécuter fidèlement en Bulgarie les dispositions de l'accord intervenu entre elle et l'Europe. Les Bulgares, au contraire, ceux de la principauté, comme ceux de la province de Roumélie, étaient franchement hostiles au résultat obtenu et décidés à opérer leur union, dès que l'occasion se présenterait. Ils se montraient d'ailleurs très dévoués aux Russes, en qui ils voyaient à la fois des frères et des libérateurs ; ils comptaient sur eux pour les organiser et les conduire à l'union, but suprême de toute leur politique pendant cette courte période qui se déroule de 1878 à 1885.

Quant à la Russie, sa politique tendait à un double but : d'une part, surexciter le sentiment national bulgare sur les deux versants des Balkans, montrer aux Bulgares et Rouméliotes qu'ils étaient les victimes de la diplomatie européenne et faciliter ainsi leur union par tous les moyens possibles. D'autre part, pour couronnement de son œuvre, la Russie voulait mettre la main sur la nouvelle principauté, la tenir sous sa dépendance complète, en faire en quelque sorte une province russe. Sur le premier point, nous allons voir les desseins occultes du Cabinet de Saint Pétersbourg réussir beaucoup trop bien, le mouvement unioniste dépasser en intensité les prévisions de ceux qui l'avaient d'abord encouragé dans l'espoir de le diriger, et l'union se faire finalement sans leur participation et contre leur gré.

Sur le second point, nous allons assister aux erreurs de la diplomatie russe qui crut pouvoir traiter la Bulgarie en pays conquis et s'y installer en maître. Ici sa politique échoua piteusement ; les Bulgares, délivrés de la domination ottomane, protestèrent hautement contre une domination russe et engagèrent contre le gouvernement du tzar une lutte longue et périlleuse pour leur existence même, dont ils semblent être sortis victorieux.

Pendant les premiers mois qui suivirent le traité de Berlin, aucun nuage n'avait encore assombri la bonne entente entre Russes et Bulgares. Ceux-ci acceptaient et demandaient la protection des premiers, qui paraissaient heureux du la leur accorder, affectueuse et paternelle au début, sans songer à la transformer en tutelle.

L'article 16 du traité de Berlin confiait l'administration provisoire de la principauté de Bulgarie, jusqu'au vote de la Constitution, à un commissaire russe assisté d'un commissaire ottoman et des consuls délégués *ad hoc* par les grandes puissances. La Russie profita de la situation privilégiée qu'elle obtenait dans la principauté et des excellentes dispositions du peuple bulgare, pour imprimer à la marche des événements une tournure favorable à ses intérêts. Bien loin de calmer le mouvement d'opposition qui s'était produit contre l'œuvre du Congrès de Berlin, elle l'encouragea de toutes façons. M. Zankof, qui devait jouer plus tard un rôle si considérable dans les événements de la principauté, était alors l'homme de confiance et l'*alter ego* du commissaire russe, le prince Dondoukoff-Korsakoff. Se faisant son porte-parole, il pouvait s'écrier à Tirnovo où s'était réunie l'assemblée chargée de voter la Constitution : « Maudit soit celui qui accepterait la décision du Congrès de Berlin. C'est un devoir pour les Bulgares de renoncer à la principauté plutôt que de voir la Thrace et la Macédoine retourner sous la domination turque » (1).

Pour le moment les deux questions importantes pour la Russie étaient le vote de la Constitution et l'élection du prince de Bulgarie, qu'elle entendait faire résoudre dans un sens conforme à ses intérêts.

(1) La révolution de Philippopoli du 6/18 septembre 1885. — Paris, 1888.

Le vote de la Constitution qui devait émaner d'une Assemblée de notables réunie à Tirnovo, présentait de grosses difficultés. Les Bulgares étaient à peu près unanimes à demander une Constitution libérale basée sur le gouvernement du peuple par lui-même; mais il était à craindre que ce peuple, né d'hier seulement à la vie politique, sans traditions, ignorant du régime parlementaire, ne sût faire usage d'une pareille Constitution et que son adoption rendît impossible l'établissement d'un gouvernement stable et régulier. Le prince Dondoukoff pensant que sur ce point il pourrait mettre d'accord l'intérêt du gouvernement russe et celui de la principauté, proposa l'adoption d'une Constitution analogue à la Constitution serbe : le pouvoir exécutif y était représenté par un prince élu et héréditaire ; le pouvoir législatif par une Chambre des députés comprenant trois sortes de membres : les uns membres de droit, pris parmi les hauts fonctionnaires de la Principauté ; les autres élus par le suffrage direct des citoyens ; enfin la troisième catégorie, nommés directement par le pouvoir exécutif. Il pensait que le prince tiendrait ainsi la Chambre sous son autorité et que si la Russie l'avait sous sa dépendance, comme elle était persuadée de l'avoir, la haute main sur la principauté tout entière ne lui échapperait pas. Les notables constituants déjouèrent sur ce point les projets russes ; la proposition du prince Dondoukoff fut repoussée et après de longues discussions, on vota, le 17/29 avril 1879 une Constitution plus démocratique, d'après laquelle tous les députés étaient élus par le peuple (1). C'était un échec notoire pour la Russie, car ainsi l'un des pouvoirs de la principauté risquait de lui échapper dans l'avenir ; mais si elle accepta la Constitution, c'est qu'elle comptait surtout sur l'élection du prince pour consolider son influence en Bulgarie.

Les Bulgares, sans histoire, sans dynasties princières, étaient évidemment heureux de manifester leur reconnaissance à la Russie, en élisant un prince qui lui fût agréable. Ils offrirent la couronne au prince Dondoukoff-Korsakoff qui la refusa tout en faisant savoir que son souverain proposait à leurs suffrages Alexandre de Battemberg, prince allemand de la maison de Hesse et neveu du tzar par le mariage de celui-ci avec la princesse Marie de Hesse-Darmstadt. L'Assemblée suivit les conseils du cabinet russe et nomma Alexandre, prince de Bulgarie, le 17/29 avril 1879.

Ce choix était très habile de la part de la Russie ; le prince Alexandre lui était dévoué et avait pris part à la dernière guerre d'Orient dans les armées du tzar ; Alexandre II pouvait compter qu'il serait entre ses mains un instrument commode de domination et l'interprète dévoué de ses volontés.

(1) Le texte de la Constitution est reproduit dans les *Archives diplomatiques* t. X. *Année* 1879, p. 61. — La constitution bulgare a été revisée le 15/27 mai 1893.

En Roumélie, l'action russe fut encore plus rapide et plus énergique. Dès le lendemain du traité de San Stéfano, le prince Dondoukoff-Korsakoff s'y était installé comme commissaire général et avait organisé la province suivant les intérêts de la Russie. Après le traité de Berlin, le représentant du tzar redoubla d'activité ; il excita les sentiments unionistes des Rouméliotes en affirmant hautement que l'œuvre du Congrès de Berlin était inexécutable et qu'il saurait bien, avec l'aide des populations, en empêcher la réalisation. En même temps, son organe quasi-officiel « *le Maritza* » qui s'imprimait à Philippopoli tenait un langage qui montrait bien que dans sa pensée la Roumélie Orientale faisait déjà partie intégrante de la Principauté bulgare.

Dans l'espace de quelques mois, il avait organisé d'après les règlements et la législation russes, la police, les tribunaux, les municipalités, les finances et surtout l'armée de la province. En tout ceci, il s'était inspiré de cette idée, que sous peu la Roumélie serait réunie à la principauté, et que pour faciliter cette union, leur organisation devait être semblable. « Grâce à votre concours, disait-il à la fin d'octobre 1878, aux autorités et aux notables de Philippopoli, j'ai pu en peu de temps introduire dans toutes les branches de l'organisation de la Roumélie un ordre de choses identique à celui qui existe dans la Bulgarie du Nord. » Il ajoutait que cette uniformité administrative lui paraissait une chose de la plus haute importance pour l'avenir de la Roumélie.

« Cette organisation temporaire a bien des chances de devenir définitive, par ce que le courant de l'histoire est plus fort que toutes les combinaisons humaines » (1).

C'est surtout sur l'armée que la Russie avait fait porter ses efforts ; pendant les neuf mois de son occupation en Bulgarie et en Roumélie, elle avait travaillé à organiser à la russe les forces militaires du pays. Les officiers étaient des Russes, les règlements, les usages étaient ceux de l'armée du tzar, et les commandements étaient donnés en langue russe (2). Autre fait caractéristique : on avait établi une seule série de régiments pour la principauté et la Roumélie Orientale. Comment eut-on pu montrer plus clairement que l'on regardait les forces militaires de l'une et de l'autre, comme faisant partie d'une seule et même armée ? (3)

Lorsque le Prince Dondoukoff fut appelé à Sofia, puis à Tirnovo, où se réunissait l'Assemblée des notables chargée de l'élaboration de la Constitution bulgare, il fut remplacé à Philippopoli comme gouverneur provisoire de la Roumélie Orientale, par le général Stolypine qui avec l'aide du général Skobeleff, continua son œuvre et la compléta. Ils présidèrent à la création d'une Société de Gymnastique dont les sections s'étendaient dans les diverses villes de Roumélie et dont les mem-

(1) Cf. Daniel, *Année politique*, 1878,
(2) Cf. Samuelson, *Bulgaria Past and Present*. London 1888.
(3) Cf. *Revue militaire de l'Etranger*. Année 1878.

bres devaient être armés et recevoir leur mot d'ordre d'un comité siégeant à Philippopoli. L'organisation fut rapidement achevée ; 80 000 fusils et 20 millions de cartouches furent distribués, et lorsqu'en quittant la Roumélie, le général Skobeleff passa en revue ces Sociétés, la seule ville de Slivno put faire défiler sous ses yeux, 16 000 hommes en armes.

Toutes ces manœuvres des agents russes eurent pour premier effet d'augmenter la surexcitation des esprits contre le traité de Berlin et de rendre très difficile son exécution. Un premier incident se produisit à propos de l'administration financière de la Roumélie. D'après l'article 19 du traité, la Commission européenne chargée d'organiser la province, devait provisoirement en administrer elle-même les finances. Conformément à cette clause, elle institua un directeur provisoire des finances et le chargea de prendre possession des caisses publiques gérées jusqu'alors par l'administration russe. L'effervescence des esprits était telle, qu'à la seule nouvelle du transfert des deniers publics, des troubles se produisirent dans les rues de Philippopoli et les villes de Slivno, Stara-Zagora et Tchirpan expulsèrent le directeur des finances lorsqu'il s'y présenta pour remplir son mandat (1).

Une autre clause du traité de Berlin produisait encore plus d'irritation chez les Bulgares et Rouméliotes :

____

(1) Daniel. *op. cit.*

C'était celle de l'article 15 d'après laquelle la Turquie avait le droit de pourvoir à la dépense des frontières de Roumélie en y élevant des fortifications et en y entretenant des troupes ; ce qui lui donnait *a fortiori* le droit d'occuper et de fortifier les passes des Balkans. L'exécution de cette clause lui aurait permis de surveiller facilement les Rouméliotes et de s'opposer à leur union avec les Bulgares. D'autre part, la Turquie se serait fait des Balkans une solide barrière contre la Russie dont elle aurait pu arrêter ainsi la marche éventuelle sur Constantinople. Lorsqu'au printemps de 1879, à l'expiration du délai de neuf mois, fixé par l'Europe pour l'occupation russe (1), le gouvernement ottoman annonça qu'il allait envoyer ses troupes dans les Balkans, une vive agitation se produisit à la fois en Roumélie et en Bulgarie, où les populations menacèrent de s'opposer par la force à l'entrée des troupes turques.

La Russie, qui avait été chargée par l'Europe de surveiller l'exécution du traité de Berlin en Bulgarie, et qui favorisait le mouvement d'opposition, chercha à émouvoir les chancelleries des puissances signataires

---

(1) Les troupes d'occupation avaient conservé leur communication avec la Russie, par les ports de la mer Noire, Varna et Bourgas, et par la Roumaine, d'après un arrangement conclu entre les deux Etats. Dès le traité de Berlin, le bruit se répandit que la Russie allait conserver à perpétuité, une route militaire par la Dobroutcha qui serait munie de postes militaires et qui réunirait d'une manière permanente la Russie et la Bulgarie.

en leur montrant un nouveau conflit possible à l'hori-
zon, si la Turquie persistait à se prévaloir intégralement
de ses droits. Dans une circulaire du 13 mars 1879 elle
expliquait l'hostilité des Bulgares et Rouméliotes contre
le traité de Berlin et proposait comme solution pacifique d'appliquer une motion présentée par le comte
Andrassy dans les conférences du Congrès, consistant
à faire occuper la Roumélie Orientale pendant une
année par un corps d'occupation de 15 000 hommes
empruntés aux armées des grandes puissances (1).
La proposition n'était pas sérieuse : son adoption eut
prolongé la période d'occupation militaire sans supprimer les difficultés qui auraient reparu sitôt après.
Mais la Russie voulait simplement persuader à l'Europe que le moyen le plus simple d'éviter des complications futures, était de laisser la Turquie livrée à ses
propres forces pour l'exécution du traité de Berlin Ce
plan réussit d'autant mieux que les puissances ne
pouvaient obtenir de la Porte l'exécution du traité relatif à la fixation des nouvelles frontières turco-
grecques, ni la décider à remettre au Monténégro les
territoires qu'elle devait lui céder. Devant cette mauvaise
volonté du Gouvernement Ottoman à exécuter les clauses qui le gênaient, elles ne voulurent pas lui accorder
leur appui pour l'exécution de celles qui lui étaient avan-
tageuses. Malgré les protestations réitérées de la Turquie,

(2) V. Texte de cette circulaire dans le *Livre Vert Italien* de 1880.
— *Portefeuille diplomatique* de 1880.

elles n'intervinrent pas, et le Sultan qui sentait les Russes derrière les Bulgares, se soucia peu d'entamer une nouvelle lutte et renonça à occuper les passes des Balkans (1). C'était là une première défaite grave en ce que rien ne gênait plus les communications entre les deux fractions de la Bulgarie et que la Turquie se privait en outre d'une solide barrière stratégique contre les ambitions de la Russie.

Une dernière question enfin qui contribuait à maintenir l'état de trouble en Roumélie, c'était celle de la nomination du gouverneur général. Que serait ce fonctionnaire et quelle conduite tiendrait-il vis-à-vis des habitants? Serait-il un fonctionnaire ottoman pour la forme seulement et gouvernerait-il en faveur des Bulgares; ou bien serait-il un représentant zélé de la Porte et tenterait-il d'annihiler pratiquement les décisions du Congrès et de consolider la domination turque? C'était cela que la population Rouméliote craignait surtout et elle s'apprêtait à repousser par la force le Gouverneur Général, s'il ne répondait pas aux aspirations nationalistes de la majorité des habitants. La Porte eut connaissance de ces menées hostiles et se

(1) Il semble même que la Porte ne tenait guère à cette occupation. Déjà avant le traité de Berlin, elle s'était entendue avec la Russie pour établir un cimetière au fameux col de Chipka et y élever simultanément un temple Orthodoxe et une mosquée, dans le but de célébrer la mémoire des soldats morts sur ce champ de bataille. On peut se demander si la Turquie songeait alors sérieusement à fortifier un endroit ainsi consacré au culte des morts.

plaignit au Gouvernement Russe qui dût envoyer en Roumélie le général Obroutcheff, aide de camp du tzar, pour ramener le calme parmi les populations.

En réalité, le général ne l'obtint qu'en promettant aux Bulgares que leurs vœux seraient bientôt exaucés ; le tzar Alexandre II prenait leur cause en main et la reconstitution de la Grande Bulgarie du traité de San Stéfano n'était plus qu'une question de temps.

Le 5/17 mai 1879, jour même où il promulgait le Statut Organique de la Roumélie Orientale, le Sultan nommait gouverneur général de la province, avec l'assentiment des puissances, le prince Alexis Vogoridi (Aleco-pacha). Ce choix était de nature à contenter les Bulgares ; Aleco pacha était né à Kotel (Kazan) en Roumélie et était Bulgare d'origine. Son père avait été gouverneur général de l'île de Samos, ce qui lui avait valu le titre de prince ; lui-même avait occupé de nombreuses fonctions dans les services administratifs et diplomatiques de la Porte. C'était un diplomate intelligent, mais dépourvu d'aptitudes administratives, un caractère faible, un esprit soupçonneux et versatile, incapable d'une résolution énergique. Lorsqu'il fut nommé gouverneur général de la nouvelle province de Roumélie, il se trouvait en disgrâce à Paris, ayant abandonné depuis peu de temps, ses fonctions d'ambassadeur à Vienne. On raconte qu'avant son départ pour aller rejoindre son poste, il avait pris auprès du prince Orloff, ambassadeur du tzar à Paris, l'engagement d'administrer la Roumélie conformément aux intérêts russes. C'est ce qui lui avait valu l'appui du Cabinet de Saint-Pétersbourg qui l'avait en quelque sorte imposé au Divan. Il est certain que ses premiers actes tendaient à corroborer cette opinion, car ils parurent inspirés par un complet dévouement à la cause bulgare et à la politique russe (1).

Le nouveau régime créé arbitrairement par le traité de Berlin allait commencer à fonctionner sous la tutelle de la Russie. Les Rouméliotes avec un remarquable esprit de suite firent tous leurs efforts pour prouver le bien fondé de leurs revendications en montrant le caractère essentiellement bulgare de la province.

Le gouverneur général avait à choisir en premier lieu les fonctionnaires qui devaient administrer le pays, sous sa direction; or, tous les directeurs généraux et tous les préfets, sauf deux, furent des Bulgares (2). C'était une victoire éclatante pour les nationalistes rouméliotes. Le consul-général anglais (1) protesta vive-

(1) Un petit fait sans importance montre de suite que le nouveau gouverneur général entendait se conduire moins en fonctionnaire turc, qu'en chef d'une province bulgare, ce qui lui attira la sympathie des populations rouméliotes. Dès qu'il eut pénétré sur le territoire de la province, il se coiffa du « *Kalpack* » ou coiffure nationale bulgare, et c'est ainsi qu'il fit son entrée à Philippopoli, salué par les acclamations enthousiastes de la foule.

(2) Parmi les directeurs généraux, non bulgares, se trouvait un financier allemand M. Schmidt, directeur des finances, qui prit au

ment, et de son côté la Porte refusa de confirmer les directeurs nommés, si on n'attribuait pas au moins une direction générale aux Turcs et aux Grecs de Roumélie. Mais Aleco-pacha, se sentant appuyé par le consul-général de Russie, le Prince Tzeretelew, passa outre aux protestations et les fonctionnaires non confirmés restèrent en place.

Il fallait maintenant aux Bulgares, s'ils voulaient rester les maîtres de la province, obtenir la grande majorité des fonctions électives. Les premières élections pour l'Assemblée provinciale eurent lieu en octobre 1879. Trente-six membres étaient à élire. Sur les trente-six élus, trente et un étaient Bulgares, trois étaient Turcs et deux Grecs. Peu après, le 3 novembre 1879, l'Assemblée se réunissait et procédait à l'élection du Comité permanent de dix membres, qu'elle devait choisir dans son sein, conformément aux dispositions du Statut Organique. Prévoyant dans l'Assemblée une majorité bulgare, et voulant cependant réserver dans le Comité un certain nombre de sièges aux minorités turques et grecques, le statut déclarait que les bulletins de vote ne devraient porter que six noms au maximum. Les précautions sur ce point furent habilement déjouées ; malgré les conseils du gouverneur général, des consuls,

Conseil privé, une attitude hostile au gouverneur général et aux Bulgares. Il dut, en 1880, donner sa démission sur un vote de blâme qui lui fut infligé par ses collègues.

(1) Les grandes puissances étaient représentées à Philippopoli par un consul-général.

notamment de celui de Russie, qui auraient désiré voir nommer un Turc et un Grec, par respect pour les dispositions du Statut, les Bulgares de l'Assemblée après entente, nommèrent dix des leurs, comme membres du Comité permanent.

Ces faits significatifs qui livraient toute la Roumélie à l'élément slave, effrayèrent la Porte d'autant plus qu'ils coïncidaient avec une organisation militaire de toutes les forces de la province dans un sens hostile à la Turquie. Les Sociétés de gymnastique fondées quelques mois auparavant avaient complété leur organisation. Dans chacun des six départements de la Roumélie, elles formaient un groupement complet qui possédait des chefs, un budget, des armes et obéissait au Comité central de Philippopoli. Comprenant toute la jeunesse bulgare, ces groupements formaient une armée de 38 à 40.000 hommes, habilement disciplinée et équipée par la Russie. Il y avait là, en même temps qu'une force militaire organisée, un foyer de révolte menaçant pour la Turquie. Le gouvernement Ottoman se fondant sur les traités et le Statut Organique qui ne prévoyaient pas une pareille organisation, demanda officiellement la dissolution de ces Sociétés ; la question fut portée à l'Assemblée provinciale alors en session. Sur les conseils du consul-général de Russie, le prince Tzeretelew, qui joignait à une connaissance approfondie du pays, un grand esprit de modération, les députés ordonnèrent la dissolution des Sociétés de gymnastique ; mais, en même temps, ils exigèrent l'application de l'art. 411 du Statut Organique, qui prévoyait l'organisation de la réserve (*opoltchenzis*) et réglementait les exercices que les citoyens devaient faire dans chaque commune, de telle sorte que l'organisation existante subsista en changeant simplement de nom.

Par leur activité, leur entente, les Bulgares de Roumélie, dirigés et aidés en cela par les Russes, avaient enlevé à la Turquie toute autorité effective dans la province ; dès ce moment, ils auraient pu sans danger, briser le dernier lien qui les attachait à la Porte. Tous les Bulgares, au Nord comme au Sud des Balkans désiraient l'union, et elle se serait infailliblement produite alors, si la Russie n'avait à ce moment totalement modifié le sens de sa politique et n'avait fait tous ses efforts pour retarder une révolution qu'elle avait d'abord si ouvertement préparée.

Pour bien comprendre ce changement de la politique russe, il faut se reporter aux événements graves qui se déroulèrent dans la principauté depuis l'élection du prince Alexandre. Dès son arrivée à Sofia, il se trouva aux prises avec des difficultés considérables qui pour être aplanies eussent demandé un diplomate habile et exercé et que son inexpérience ne pouvait lui permettre de surmonter. Il trouva la principauté divisée en deux partis politiques bien tranchés : d'une part les *libéraux*, partisans du gouvernement par le peuple, et de l'indépendance bulgare, ennemis de l'autocratisme russe et de l'ingérence du tzar dans les affaires de la principauté ; et en face d'eux, les *conservateurs* qui, en présence de l'inexpérience politique de la nation, étaient partisans d'un pouvoir exécutif fort, et désiraient conserver la protection et l'appui de la grande Cour du Nord.

Le Cabinet de Saint-Pétersbourg entendait de son côté tenir la Bulgarie à sa discrétion et l'administrer comme une province russe. Le prince Alexandre, tout chaud de reconnaissance pour celui qui l'avait appelé au trône, pénétré de cette idée qu'il devait incliner sa volonté devant celle du tzar, protecteur-né des peuples slaves, était tout dévoué à la politique russe et répétait à qui voulait l'entendre qu'il était le chef de l'avant-garde russe en Orient.

Les affaires bulgares auraient suivi un cours régulier si la Russie s'était contentée d'y intervenir avec bienveillance et modération, et si les Bulgares avaient accepté de bon cœur une tutelle légitime en somme, puisqu'ils devaient leur liberté à la victoire des armées russes. Il n'en fut malheureusement pas ainsi, et il faut bien le reconnaître, la première faute fut commise par la Russie. Au lieu d'exercer dans la principauté une influence discrète et paternelle, le gouvernement du tzar y pratiqua au contraire une politique d'ingérence brutale et sans mesure. Il avait fait attribuer la plupart des hautes fonctions administratives, et les grades supérieurs de l'armée, à des sujets russes.

Plusieurs ministres étaient russes et dans les conseils de Gouvernement leur opinion faisait loi. En un mot, les représentants du tzar entendaient administrer la principauté en territoire conquis (1). Or, c'était méconnaître les sentiments et les aspirations du petit peuple Bulgare, qui entendait, avant tout, conserver son indépendance et se diriger lui-même; s'il acceptait volontiers la protection de la Russie, il ne voulait pas être absorbé par elle. En contrariant ces aspirations, le panslavisme s'aliénait rapidement une partie de la péninsule Balkanique. La Russie commit une autre faute non moins lourde : au lieu de se tenir prudemment en dehors de la lutte des partis, elle se mêla activement aux querelles politiques et soutint, tout d'abord, le parti conservateur dont les tendances s'harmonisaient mieux avec ses propres principes de gouvernement. Le prince Alexandre, qui lui obéissait aveuglément, choisit ses premiers ministres parmi les conservateurs, infiniment moins nombreux què les libéraux, qui comptaient dans leurs rangs tous les patriotes et tous ceux très nombreux qui aspiraient avant tout à l'indépendance complète du pays. Le résultat ne se fit pas attendre ; à la première occasion, la Chambre renversa le Ministère.

(1) V. Drandar, *Cinq ans de règne en Bulgarie.*
Minchin, *The growth of freedom in the Balkan peninsula.*

Le prince Alexandre, fort de l'appui de la Russie, crut pouvoir résister à la volonté nationale. Il déclara la Chambre dissoute et fit procéder à de nouvelles élections. Le gouvernement, aidé des agents russes, fit tous ses efforts pour peser sur les suffrages et obtenir une majorité conservatrice; ce fut en vain : les libéraux revinrent en plus grand nombre, et le prince dut former un cabinet libéral.

C'est alors qu'Alexandre, poussé par le parti conservateur, désireux de revenir aux affaires, se décida à augmenter ses pouvoirs aux dépens du pouvoir législatif par le coup d'Etat du 27 mai 1881.

On a discuté souvent sur le rôle joué dans ce coup d'Etat par le gouvernement russe, qu'on a accusé de l'avoir provoqué. Il est peu probable cependant qu'il soit allé jusque-là : le prince s'était rendu à Pétersbourg et avait exposé au tzar les difficultés de la situation en Bulgarie et ses vues sur les moyens d'y remédier. Or, il semble qu'il ait reçu de lui des conseils de modération bien plus que des encouragements au coup d'Etat. Voici en effet un extrait de la lettre que M. de Giers écrivait le 10/23 mai 1880, au consul-général de Russie à Sofia, pour lui donner ses instructions : « Tout en « constatant l'impossibilité de gouverner à la longue « avec une majorité radicale, Son Altesse a été d'accord « avec nous sur la nécessité de persévérer autant que « possible dans la voie légale avant de songer à des « mesures plus efficaces... Il est possible qu'à son retour

« de Pétersbourg, la parole du prince Alexandre, que
« l'on sentira inspirée par les impressions que Son Altesse
« aura recueillies dans ses entretiens personnels avec
« S. M. l'Empereur, rallie la majorité à des vues conci-
« liantes. Nous le souhaitons vivement et vous ne devez
« pas hésiter à vous prononcer en ce sens en toute
« occasion.

« Mais si cet espoir se trouvait déçu et que le prince
« Alexandre se vît obligé d'abandonner le terrain stricte-
« ment légal, en procédant aux mesures ci-dessus indi-
« quées, la situation deviendra plus délicate. Ce n'est pas
« que les sympathies de notre auguste maître et l'appui
« cordial du Cabinet Impérial doivent jamais faire dé-
« faut au prince Alexandre dans ces circonstances diffi-
« ciles, mais nous ne lui devons cet appui que dans la
« mesure où il lui est strictement utile. *Si notre attitude*
« *prenait l'apparence d'une excitation et qu'on pût attri-*
« *buer à nos conseils et à notre influence ces révolutions an-*
« *ticonstitutionnelles*, il serait à craindre que le parti ra-
« dical ne se servît de ce prétexte pour ameuter contre
« le prince la presse ultra-libérale, les Assemblées, l'opi-
« nion publique de l'Europe et même *les cabinets jaloux*
« *de l'influence politique de la Russie et trop enclins à lui*
« *attribuer la pensée de vouloir traiter la Bulgarie comme*
« *une province russe* » (1)... Il est donc probable que

____

(1) Drandar, *Les événements politiques en Bulgarie depuis 1876 jus-*
qu'à nos jours. — Soboleff, *Der Erste Furst von Bulgarien.*

l'idée du coup d'Etat n'émanait pas du gouvernement russe, mais que celui-ci le laissa faire et y donna son concours au moins indirect en promettant au prince Alexandre qu'il ne le désavouerait pas (1).

Quoiqu'il en soit de l'attitude du gouvernement Impérial, la violation de la Constitution eut lieu avec la participation des officiers russes qui dirigeaient alors la Bulgarie. Le prince renvoya ses ministres libéraux et sous le prétexte d'assurer « la prospérité et le bien du pays » suspendit la liberté de la presse, le droit d'association et déclara la Chambre dissoute. Il chargeait en même temps le ministre de la guerre, le général russe Ehrnrooth de constituer un cabinet avec mission de gouverner provisoirement le pays, et de présider à l'élection des députés à une nouvelle Assemblée nationale chargée de modifier la Constitution de Tirnovo dans un sens moins libéral. Cinq commissaires, tous russes, étaient aussitôt envoyés dans les départements munis de pouvoirs illimités. La Bulgarie était soumise partout à un régime de terreur.

Ces mesures étaient de nature à soulever l'indigna-

___

(1) Le Gouvernement russe a toujours affirmé être resté étranger au coup d'État. Alexandre III aurait, dit-on, déclaré au ministre bulgare Balabanoff qui lui fut présenté en 1882 au cours d'un voyage à Saint-Pétersbourg, que la Russie n'avait jamais conseillé le coup d'État au prince Alexandre, que celui-ci, au contraire, l'avait exécuté contre son gré. Si la Russie, dit-il, avait cru devoir soutenir le prince, c'était pour épargner à la Bulgarie de plus grands malheurs. — Cf. Drandar, *Op. cit.*

tion de tous les libéraux qui reflétaient les·tendances de
la majorité du pays. Alexandre employa contre eux
une rigueur extrême ; les chefs du parti, Karavéloff,
Slaveikoff furent exilés, et Zankoff, qu'on essaya de faire
passer pour fou, fut interné à Vratza. Grâce à une pression administrative effrénée, les candidats du gouvernement, à quelques rares exceptions, furent élus partout, et le 14/26 juillet 1881, l'Assemblée nationale
modifiait la Constitution de Tirnovo en restreignant les
pouvoirs de la Chambre et en accroissant ceux du
prince. Les espérances que les conservateurs avaient
fondé sur le coup d'Etat furent loin de se réaliser cependant. Les libéraux qui avaient pour eux la masse de
la nation, loin de se considérer comme vaincus, pour-
suivirent l'agitation dans les campagnes, soulevant les
sentiments nationalistes, excitant partout des manifestations violentes contre le despotisme du prince et
contre ce qu'ils appelaient la tyrannie moscovite. Ils
se plaignirent à toute l'Europe et intéressèrent à
leur cause les cabinets ennemis de l'influence russe
en Bulgarie, notamment ceux de Vienne et de Londres.

Le prince Alexandre ne se sentit pas·assez fort, avec
l'appui des seuls conservateurs, pour lutter contre le
mouvement général qui se dessinait contre lui. Il
demanda au tzar de l'aider à maintenir la Constitution anti-libérale qu'il avait imposée à la Principauté.
Le cabinet de Saint-Pétersbourg envoya alors à Sofia

les généraux Kaulbars et Soboleff qui furent nommés l'un
ministre de la guerre, l'autre ministre de l'intérieur.
Mais, depuis un certain temps déjà, un revirement complet d'opinion se produisait en Russie dans les sphères
officielles. Le coup d'Etat avait fait ressortir l'impuissance du parti conservateur à conserver le pouvoir en
Bulgarie et montré le danger qu'il y avait à lutter plus
longtemps contre le parti libéral. Aussi les généraux
Kaulbars et Soboleff avaient-ils pour mission d'abandonner les conservateurs à leurs propres forces, de se tenir
en dehors des luttes politiques et de ne plus se faire les
complices du prince Alexandre, dans la voie anti-cons-
titutionnelle où il s'était engagé contre la volonté nationale. Ils devaient, avant tout, maintenir le calme en
Bulgarie et empêcher de part et d'autre toute tentative
contraire à la légalité. Ce n'était point là, assurément,
ce qu'avaient espéré le prince et ses alliés ; ils avaient
demandé des auxiliaires, on leur envoyait des sur-
veillants. Dès ce moment, l'inimitié du gouvernement
de Sofia contre la Russie ne fit que s'accroître ; il demanda formellement le rappel des généraux, qui
refusèrent de se retirer en déclarant qu'ils n'avaient
d'ordres à recevoir que de celui qui les avait investi
de leur mission. Le prince Alexandre comprit à son
tour le danger qu'il y avait à gouverner avec une mino-
rité et à se faire l'instrument docile des ambitions
russes. Désireux avant tout de secouer un joug qui lui
aliénait les sympathies de ses sujets, il prit le seul parti

désormais possible, et traita avec les libéraux. Depuis ce moment, l'entente était scellée entre les divers partis politiques et le prince, pour lutter contre l'ancien protecteur et ami, devenu maintenant l'ennemi commun.

Un manifeste daté du 5 17 septembre 1883 déclarait la Constitution de Tirnovo rétablit purement et simplement, en même temps qu'un rescrit princier confiait la présidence du Conseil à M. Zankoff.

Tout cela s'était passé à l'insu des généraux Kaulbars et Soboleff qui ne reçurent communication du manifeste et du rescrit qu'au moment de leur publication. Ils se retirèrent après une énergique protestation : « L'injure « que vous nous faites est un outrage à notre souverain « qui nous a envoyés ici d'après votre sollicitation et au- « quel vous auriez dû vous adresser pour qu'il nous rap- « pelle, si nous ne vous convenions pas. Nous nous reti- « rons, mais souvenez-vous que pour vous-même cette « affaire sera funeste. Vous vous engagez sur un chemin « qui ne mène pas à la gloire et au bonheur. »

Ce départ compléta la scission entre la Bulgarie et la Russie. Le ministère Zankoff fit tous ses efforts pour détruire dans la principauté l'influence russe; il se rapprocha ostensiblement de l'Angleterre et de l'Autriche et signa avec le représentant de cette dernière une Convention ayant pour but de remplacer par des officiers autrichiens les officiers russes qui servaient dans l'armée bulgare comme instructeurs. En même temps des froissements personnels qui s'étaient produits entre le tzar et le prince Alexandre vinrent donner un véritable caractère d'hostilité aux relations entre les deux Etats.

Tel est le récit succinct des événements qui s'étaient déroulés en Bulgarie depuis le traité de Berlin. Les maladresses des hommes d'Etat russes, leur ignorance du caractère et des aspirations bulgares, leur avaient aliéné peu à peu les sympathies de ceux-ci, très vives et très sincères cependant au début. D'un autre côté, les Bulgares, avides d'indépendance, avaient oublié peut-être trop facilement tout ce qu'ils devaient à leur puissante protectrice ; c'était elle qui, depuis plusieurs années, les avait guidés dans la voie du progrès social, avec ses fonctionnaires, ses officiers, ses finances (1).

Quoiqu'il en soit, maladresse des uns, ou ingratitude des autres, la Russie vit de bonne heure les Bulgares lui échapper peu à peu, excités contre elle par leur vif sentiment d'indépendance nationale. Aussi le gouvernement du tzar qui avait favorisé tout d'abord le mouvement unioniste, tant dans la principauté qu'en Roumélie, pour exercer son influence sur la Grande Bulgarie reconstituée, recula-t-il quand il s'aperçut de la déroute de ses prétentions. Craignant que l'instinct d'un nationalisme étroit ne lui causât des embarras autrement graves dans les deux Bulgaries réunies sous une même souveraineté, il fit tous ses efforts pour arrêter en Rou-

(1) V. Bianconi, « La vérité sur la crise bulgare ». *Revue Française*, 1885.

mélie le mouvement unioniste qu'il avait d'abord encouragé. Mais ici encore la politique russe devait éprouver des déceptions : de même qu'en Bulgarie, elle s'y était prise trop tard, quand elle avait voulu modifier sa tactique, et procéder par voie de protection discrète après avoir essayé en vain de la domination oppressive, de même en Roumélie, il était trop tard, quand elle tenta d'enrayer le mouvement unioniste. Ce mouvement, qui était en réalité un mouvement populaire, était trop puissant pour qu'on pût l'arrêter et tous les efforts de la chancellerie russe n'aboutirent qu'à le retarder de quelques mois.

Lorsqu'en 1879, Aleco-pacha fut nommé gouverneur général de la Roumélie, la Russie qui avait appuyé sa candidature, suivait alors dans la province une politique identique à celle qu'elle observait dans la principauté ; elle prétendait soumettre les pouvoirs élus au gouverneur général et obliger celui-ci à se conformer aux instructions de son représentant (1). Quelques mois

(1) Une anecdote racontée par un auteur fort au courant des choses de ce temps et de ce pays, montre d'une manière saisissante qu'elles étaient alors les prétentions russes : « Un préfet de Roumélie rapportait les propos suivants que lui avait tenus le consul de Russie, au cours d'un entretien : Vous êtes préfet, je l'admets, mais vous êtes, je l'espère, convaincu que vous n'occupez ce poste que grâce à la Russie, et que c'est votre devoir de vous considérer comme un préfet russe. Vous autres, Bulgares, vous vous imaginez quelquefois que nous sommes ici seulement de passage, mais soyez convaincus que nous sommes ici chez nous... Et, ajoutait le préfet, il me tenait le même langage chaque fois qu'il me rencontrait... »
Cf. Hühn, *Der Kampf der Bulgaren um ihre nationaleinheit.*

à peine après l'inauguration du nouveau régime, le représentant de la Russie qui avait au début poussé ouvertement les Rouméliotes à l'union, faisait tous ses efforts pour les retenir dans cette voie. C'est que les partisans du panslavisme venaient de faire dans la principauté l'expérience douloureuse, où ils voyaient les Bulgares s'éloigner d'eux peu à peu, et ne voulant pas compliquer la situation dans les Balkans par une révolution nationale, ils préféraient attendre pour accomplir l'union des deux Bulgaries des circonstances plus favorables. Dès le lendemain du jour où la Turquie renonçait à occuper les passes des Balkans, l'empereur Alexandre II notifiait formellement aux Rouméliotes en ces termes, son intention d'ajourner l'union : « Je « sais qu'il y a plusieurs d'entre vous qui sont mécon- « tents de la situation dans laquelle le traité a placé « votre pays, et qui désirent par un changement vio- « lent atteindre un but contraire aux décisions des « puissances.

« Je ne puis pas approuver une telle intention, parce « que sa réalisation est impossible sans la volonté et le « consentement des puissances, et pourra attirer sur « votre pays de nouvelles calamités. Tâchez donc de « réagir contre de telles aspirations illégales, qui « peuvent saper dans sa racine même, l'œuvre à peine « commencée de la génération de votre nationalité (1). »

(1) Le général commandant des troupes russes adressait en même temps aux Rouméliotes une proclamation dans laquelle il disait :

La Russie avait compté qu'Aleco-pacha, sa créature serait pour elle un agent docile qui lui obéirait aveuglement. Sur ce point encore elle se trompait. Tant qu'elle fut représentée à Philippopoli, par le prince Tzeratelew, ce diplomate habile sut maintenir l'entente entre son pays et le gouverneur hénéral. Mais le prince Tzeretelew fut remplacé en juillet 1881 au consulat-général de Russie, par M. Krebel (1). Cette nomination marque le commencement de la rupture entre Aleco-pacha et la Russie. Le nouveau consul-général pratiqua un système d'ingérence brutale et tracassière dans toutes les affaires intérieures de la Province; des conflits incessants se produisaient entre lui et le représentant de la Porte, qui finit par céder aux suggestions de l'Angleterre et de l'Autriche et devint l'ennemi déclaré de la prépondérance russe.

La formation des partis en Roumélie se fit sur la question de la politique alors suivie par la Russie dans la province. Une partie du pays approuvait cette politique et acceptait l'ingérence russe, la considérant

« L'Europe a compris que l'occupation des Balkans était pour le moment inutile dans un but militaire; c'est à vous de prouver que cette occupation est également inutile dans un but politique. Aidez par une conduite digne à l'établissement de l'administration de la province, administration qui est la vôtre et dirigée par vous-même, et chassez de vos esprits toute idée de révolte contre les décisions du traité de Berlin. Je vous le dis franchement, ni la Russie, ni l'Europe, ne veulent plus verser une goutte de sang pour vous. »

(1) Ce peu scrupuleux fonctionnaire n'avait même pas demandé son exequatur au gouvernement central.

comme la seule efficace pour assurer l'ordre et le progrès ; bien que désirant profondément l'union des deux Bulgaries, elle ne la croyait possible et réalisable que sous la conduite du cabinet de Saint-Pétersbourg et approuvait celui-ci quand il voulait l'ajourner jusqu'à un moment plus opportun. Cette fraction de la nation forma le parti conservateur qui avait son point d'appui et recevait son mot d'ordre au consulat-général de Russie. L'autre fraction constitua le parti libéral qui s'inspirant des mêmes principes que le parti libéral de la principauté, voulait le gouvernement par le peuple ; s'il avait accepté tout d'abord la protection de la Russie, il avait manifesté un violent mécontentement, quand il avait vu cette puissance prétendre régenter la province tout entière par la voix de son consul. Lorsque le gouverneur général rompit toutes relations avec ce dernier, il le soutint vivement et se montra partisan comme lui de l'alliance austro-anglaise ; ses tendances et ses intérêts le poussaient à hâter autant que possible l'union de la province à la Principauté.

Les menées du parti libéral devinrent plus actives en 1881, après le coup d'Etat du prince Alexandre. Un grand nombre de libéraux de la principauté, notamment les chefs du parti. MM. Karaveloff et Slaveikoff s'étaient réfugiés à Philippopoli et avaient ainsi renforcé les rangs du parti libéral Rouméliote. Leur organe *Nesavissimost* (l'Indépendance) attaquait violemment le prince Alexandre, représenté comme un traître à la patrie, et la Russie qu'il accusait d'avoir conseillé le coup d'Etat. Ils parlaient de renverser le prince, prêchaient l'union des deux Bulgaries, et laissaient même entrevoir la possibilité d'une république Bulgare avec Aleco-pacha comme président.

Aux élections de 1881, la question électorale se posa franchement entre libéraux et conservateurs. Au parti libéral appartenaient la plupart des hauts fonctionnaires, des préfets qui avaient eu à se plaindre des procédés des russes et s'étaient nettement déclarés hostiles à leur influence. Les libéraux avaient, en outre, pour eux, le parti avancé de MM. Slaveikoff et Karaveloff, et étaient rigoureusement soutenus par Aleco-pacha. Les conservateurs accusèrent, dès lors, le parti libéral de soutenir la lutte beaucoup plus pour conserver le pouvoir et détenir les emplois publics que pour assurer la reconstitution de la Grande Bulgarie ; ils lui donnèrent le nom qui lui resta, de *Kazioni* ou *Casionistes*, terme qu'on peut traduire à peu près exactement par l'expression *budgétivores*.

Pour gagner les suffrages, les conservateurs se présentaient comme les seuls vrais partisans de l'Union, en ce sens qu'ils entendaient la réaliser par l'unique moyen, selon eux, de la rendre possible et durable, la protection de la Russie. L'Union devint ainsi leur plateforme électorale et leur valut l'étiquette d'*Unionistes* Quoi qu'il en soit, les libéraux obtinrent la majorité et la conservèrent aux élections de 1883, malgré l'appui prêté aux *Unionistes* par le consul-général de Russie.

La lutte entre les deux fractions populaires devenait de plus en plus vive et reposait uniquement sur la question de l'Union ; des meetings étaient organisés où la politique gouvernementale était critiquée comme hostile aux vœux de la nation. Sur la proposition d'un certain nombre de conservateurs, on résolut de s'adresser directement à la diplomatie européenne : un mémorandum fut rédigé et deux délégués, MM. Ivan Guéchoff et Christo Christeff, furent chargés de le présenter aux grandes puissances. Ce mémorandum exposait le vœu de tous les Roaméliotes et soutenait que le régime établi par le Traité de Berlin était trop onéreux pour la province, par suite du lourd tribut qu'elle devait payer à la Porte et des frais d'une administration trop compliquée.

La protestation fut accueillie simplement à titre de document privé par les chancelleries européennes, et n'eût aucun effet immédiat.

Les pouvoirs d'Aleco-pacha, nommé pour 5 années, allaient arriver à leur terme en mai 1884. Il avait causé à la Russie trop de difficultés pour que le gouvernement du tzar pût le laisser renommer. Le Cabinet de Saint-Pétersbourg certain que l'Allemagne ne ferait pas d'opposition fit des ouvertures au gouvernement français et obtint de lui de ne pas soutenir la candidature de l'ancien gouverneur général (1). Le 17 mai 1884, le Divan

(1) La Russie promettait, de son côté, à la France, de ne pas sou-

nommait gouverneur général de la Roumélie Orientale, Gavril-pacha Krestowitch, précédemment secrétaire général d'Acolé pacha et de plus, indigène de la province.

Cette nomination indiquait assez qu'il allait être tout dévoué à la Russie et prêter son concours le plus actif aux conservateurs ou unionistes.

Conformément à l'art, 87 du Statut Organique qui donnait au Sultan, le droit de dissoudre l'Assemblée provinciale sur la proposition du gouverneur général, Gavril-pacha fit procéder aussitôt à de nouvelles élections. Cette fois les unionistes, grâce à une violente pression administrative et au concours prêté par le consul de Russie (1), arrivèrent en grande majorité. La Roumélie Orientale retombait sous l'influence panslaviste, avec les deux seuls pouvoirs qui auraient pu offrir une certaine résistance, le gouverneur général et l'Assemblée provinciale.

Les libéraux se rendant bien compte qu'il ne leur serait plus possible de ressaisir le pouvoir par les voies constitutionnelles, résolurent alors de former une vaste conspiration dont les ramifications s'étendraient sur tous les points de la Roumélie, dans le but de renverser le gouverneur général et de proclamer l'Union avec la

tenir au Liban, la candidature de Rustem-pacha, dont les pouvoirs venaient d'expirer.

(1) Le consulat général de Russie était alors occupé par M. Sorokine qui avait succédé à M. Krebel, en juillet 1883.

Bulgarie. Les éléments de la conspiration se trouvaient préparés dans les anciennes sociétés d'*opoltchenzis* qui organisés depuis trois ans avaient un centre d'action dans les principales villes de Roumélie et recevaient le mot d'ordre de la Société centrale de Philippopoli. Un grand nombre d'officiers bulgares de la milice provinciale, partisans convaincus de l'union venaient encore renforcer leur autorité. Les libéraux s'appuyaient enfin sur les partis extrêmes de la principauté qui depuis longtemps déjà prodiguaient aux Rouméliotes des secours et des encouragements (1). En 1884, des adresses dans le sens de l'unification étaient signées dans les principales villes de Bulgarie et adressées aux puissances signataires du Traité de Berlin (2). A la même époque, un Comité secret se formait à Sofia même, sous le patronage des principaux membres du parti national de la principauté, avec le programme déterminé de travailler à la réunion des deux fractions de la Bulgarie et de coordonner l'action de tous les adhérents. L'action du Comité s'étendait jusqu'en Macédoine qu'il excitait secrètement à se soulever contre l'autorité de la Porte. Son organe, « *la Borba* » (la Lutte) subventionné, dit-on, par le prince Alexandre, attaquait avec la dernière violence Gavril-pacha et prêchait ouvertement la révolution.

(1) Dès 1880, les Bulgares envoyaient au parti révolutionnaire de Roumélie une somme de 800 000 francs. Cf. Gopsevics, *Bulgarien und Ostrumélien*.

(2) V. E. de Laveleye, *La péninsule des Balkans*.

Divers incidents qui se produisirent dans le courant de l'année 1885 montrèrent la surexcitation du patriotisme bulgare et signalèrent aux esprits clairvoyants l'approche de la crise. Le 5 mai 1885, la population grecque de Roumélie voulant célébrer la fête patronymique du roi des Hellènes, en fut violemment empêché par les Bulgares ; de graves désordres eurent lieu dans les rues de Philippopoli, et le consul de Grèce dût être rappelé. Le 30 juin, l'hostilité de la population devint menaçante à la suite de la défense faite par le gouvernment de la province de célébrer la mémoire du poète et héros national Boteff.

Pendant tous les mois de juillet, août et septembre 1885, le Comité de Sofia envoya des agents dans tous les centres bulgares pour fixer les derniers détails de la révolution. Dans une séance tenue le 6 août à Dermen-Déré, village voisin de Sofia, le Comité décida d'accomplir le coup d'Etat au mois de septembre. La date devait coïncider avec le rassemblement aux environs de Philippopoli de la milice rouméliote qui serait ainsi toute prête à appuyer le mouvement, s'il rencontrait de la résistance.

Ce programme fut exécuté de point en point et le coup d'Etat eut lieu à Philippopoli le 6/18 septembre. La veille seulement le gouverneur général, avisé de la gravité de la situation, réunit les directeurs en conseil ministériel ; certains membres du conseil proposèrent d'appliquer la disposition du Statut Organique qui per-.

mettait de faire appel à une protection effective de la Porte. La motion fut repoussée et on se contenta simplement d'installer au *Konak* (palais du gouverneur) une compagnie de troupes.

Le même jour, le Comité permanent de l'Assemblée se réunissait à son tour. Un membre de la majorité conservatrice, devant le caractère national du mouvement, proposa de faire proclamer l'union par le gouvernement. La proposition fut adoptée ; mais, avant de prendre une résolution définitive, l'Assemblée crut devoir en référer au consul général de Russie, qui déclara qu'il n'y avait pas lieu de proclamer l'union, parce que le mouvement révolutionnaire n'était pas sérieux et n'aboutirait pas. En réalité, on pourrait se demander si le représentant de la Russie voulait seulement dégager la responsabilité de son gouvernement, ou bien se faisait-il illusion sur l'importance du mouvement ? Toujours est-il que le coup d'Etat s'accomplissait dans la nuit même ; Gavril-pacha était arrêté dans son palais et conduit aussitôt sous escorte jusqu'à la frontière bulgare, à Lom-Palanka, où il était relâché sous la condition expresse qu'il ne rentrerait plus en Roumélie (1).

La révolution fut accueillie à Philippopoli avec enthousiasme, aux cris de : « Vive la Bulgarie unie ! vive le prince Alexandre ! » Dès le matin les membres du parti révolutionnaire formaient un gouvernement provisoire,

____

(1) V. Journal *Le Temps* du 23 septembre 1885.

présidé par le Dr Stransky, un des chefs du parti libéral ;
le premier soin de ce gouvernement fut de prendre des
mesures préventives en vue d'une attaque éventuelle de
la Turquie. Il faisait détruire les ponts et la voie ferrée
près d'Harmanly, à la frontière turque, afin d'assurer
aux Bulgares la possession du matériel des chemins de
fer Rouméliotes, et ordonnait la mobilisation et l'envoi à la frontière de la milice ; il informait en outre le
prince Alexandre du coup d'Etat qui venait de s'opérer
et le priait de venir se mettre à le tête des forces nationales. Le prince déférait aussitôt au vœu de toute la
nation et adressait au tzar Alexandre III un télégramme
lui expliquant qu'il était obligé d'accepter l'union et
lui demandant de la reconnaître puisqu'elle n'était que
l'exécution du programme de la politique russe dans les
Balkans. De Tirnovo, où il s'était rendu, il adressait en
même temps au peuple bulgare une proclamation dans
laquelle il déclarait les deux Bulgaries unies pour toujours et prenait le titre de prince de la Bulgarie du
Nord et du Sud. Le 20 septembre, il faisait son entrée à
Philippopoli, et informait les puissances signataires du
traité de Berlin de l'union qui venait de s'accomplir,
leur demandant de reconnaître le nouvel Etat bulgare (1).

____

(1) En prenant possession du *Konak*, le prince Alexandre faisait
aussitôt rétablir les emblêmes de la souveraineté ottomane qui
avaient été arrachés. Il télégraphiait au Sultan pour le mettre au
courant des circonstances dans lesquelles la révolution venait de
s'accomplir, lui déclarant qu'elle n'était nullement faite dans un but

Ainsi fut accomplie cette révolution, presque unique dans les annales de l'histoire, puisqu'elle avait été préparée si secrètement que jusqu'au dernier jour ni la Porte, ni l'administration ottomane en Roumélie n'en soupçonnèrent les préparatifs. Par la rapidité de son exécution et l'absence de toute résistance de la part de l'autorité établie, elle avait plutôt le caractère d'une simple transmission de pouvoirs que d'un de ces épisodes sanglants qui, dans l'histoire, décident du sort des nations.

Deux points ont été discutés à propos du coup d'Etat de Philippopoli : on s'est demandé d'abord si la Russie y avait été complètement étrangère, et ensuite quelle part y avait prise le prince Alexandre de Bulgarie.

En ce qui concerne la Russie, l'Europe tout entière crut d'abord que ce nouveau coup de théâtre était son œuvre, et plus tard le parti anti-russe en Bulgarie l'a accusée formellement d'avoir été l'âme du complot; il affirmait que la Russie, voulant à tout prix se débarrasser du prince Alexandre, avait voulu le perdre aux yeux de l'Europe, en encourageant elle-même la révolution, et le faisant ensuite passer pour le seul auteur responsable de cette violation du traité de Berlin (1). Ce qui pouvait faire illusion aux chancelleries

hostile à sa puissance suzeraine. Il le priait enfin de lui accorder la Roumélie au même titre que la Bulgarie. V. *Mémorial Diplomatique*, 1885. — *Livre jaune sur Affaires de Roumélie et de Grèce*, 1885. — Leroy-Beaulieu, « *La Bulgarie* ». *Revue Politique*, 5 décembre 1885.

(1) La Révolution de Philippopoli. Paris, 1888.

européennes, c'est que le cabinet de Saint-Pétersbourg avait commencé par encourager ouvertement le sentiment unioniste dès le lendemain du Congrès de Berlin. Mais nous avons vu précédemment que longtemps avant 1885, il avait fait une volte-face complète. Voyant les difficultés où la diplomatie russe était obligée de se débattre en Bulgarie, il ne tenait pas à les augmenter par une révolution rouméliote susceptible de compromettre la paix en Orient à un moment où le pays avait encore besoin de reconstituer ses finances et son armée. La conduite du représentant de la Russie (1) à Philippopoli ne permet pas d'ailleurs de supposer qu'il fut complice de l'attentat. En effet, lorsque les membres du Comité permanent de l'Assemblée vinrent, le 17 septembre, l'informer que les insurgés de Veliko-Kouaré marchaient sur Philippopoli, il partit aussitôt pour cette ville et exhorta vivement les paysans à ne pas prendre part à une révolution que le tzar désapprouvait formellement. On ne peut dorc pas prétendre sérieusement que la révolution de Philippopoli fut l'œuvre de la Russie. Bien au contraire, le reproche que l'on peut faire justement au gouvernement du tzar, c'est de n'avoir pas su prévoir les événements, de n'avoir pas su se renseigner sur la marche du mouvement unioniste à

(1) Ce poste était alors rempli par M. Ingelstrom qui gérait le consulat général en l'absence de M. Sorokine. C'est encore une preuve que la Russie tenait, autant que possible, à se tenir en dehors du mouvement.

un moment où il eu été peut-être encore possible de
l'enrayer, et de s'être laissé surprendre par le coup
d'Etat.

Quant au Prince Alexandre, bien qu'il ait affirmé
hautement à la Russie, à la Porte, à toute l'Europe
que la révolution le surprenait et qu'il n'avait rien fait
pour la préparer, il est difficile de croire qu'il lui soit
resté étranger. Il y a d'abord une raison sérieuse de
penser qu'il la favorisait, c'est qu'en cela il se trouvait
d'accord avec le sentiment populaire et regagnait dans
l'esprit de ses sujets la sympathie qu'il avait perdue en
partie quand il avait abrogé la constitution de Tirnovo
et imposé à la principauté un gouvernement dictato-
rial. Puis ses actes même démontrent qu'il avait connaissance du complot et encourageait ses auteurs. Lorsque le major Panitza vint en Roumélie au mois d'août
pour organiser les comités et sous-comités révolutionnaires, il était accompagné de M. Golovine ami personnel et dévoué du Prince. On sait, d'autre part, que le
journal la « *Borba* », qui faisait une propagande active en
faveur de l'union, était subventionné par lui. Enfin la
personnalité des ministres qui composaient le cabinet,
au moment du coup d'Etat, et tous partisans de l'union,
la concentration de toutes les forces militaires bulgares
précisément à la veille de l'arrestation du gouverneur
général, la rapidité avec laquelle le prince Alexandre
vint se mettre à la tête de la révolution, tout cela montre bien, que s'il n'a pas aidé activement à la brèche

qui était faite en si peu de temps à l'œuvre si péniblement élaboré à Berlin, sa participation au moins indirecte ne peut pas être niée.

La révolution de Philippopoli a eu une influence capitale sur la question d'Orient, en ce sens qu'elle fut l'origine et le prétexte des graves difficultés qui se sont élevées dans l'Empire Ottoman, pendant les années suivantes. Qu'on songe en effet que la Porte, en ce qui concerne la Roumélie, avait scrupuleusement observé toutes les stipulations du traité de Berlin, qu'au contraire, c'est cette province et la principauté de Bulgarie qui avaient fait tout leur possible pour empêcher l'occupation par la Turquie des passes des Balkans ; de plus le Gouvernement Princier s'était toujours soustrait à l'obligation qui lui incombait de raser les forteresses du Danube.

Toutes ces violations successives du Traité de Berlin, acceptées ou du moins tolérées par l'Europe, devaient nécessairement montrer aux populations chrétiennes soumises à la Porte le caractère précaire des décisions du Congrès de Berlin. Les Rouméliotes n'avaient eu d'autre motif pour se révolter que leur nationalité bulgare qu'ils invoquaient comme un droit naturel pour proclamer leur union à la principauté. Dès lors, comment pouvait-on empêcher dans la suite les autres éléments ethniques de la Turquie et de la Péninsule balkanique, d'invoquer aussi ce principe des nationalités dont la reconnaissance au XIXe siècle a été aussi san-

glante que les guerres de religion. On peut, sans être
taxé d'exagération, soutenir aujourd'hui que l'insurrection crétoise et les menés Slaves en Macédoine ont eu
leur origine dans cette révolution de Philippopoli dans
laquelle les cabinets Européens n'ont persisté à voir
qu'un simple incident de gouvernement intérieur.

CHAPITRE IV

LA ROUMÉLIE ORIENTALE ET LE NOUVEL ETAT BULGARE
DEPUIS LA RÉVOLUTION DE 1885.

Nous avons suivi, dans les précédents chapitres, la
marche des événements qui avaient abouti, en septembre 1885, à la violation flagrante de la part des
Rouméliotes, du traité de Berlin. L'art. 16 de ce traité
donnait à la Porte le droit d'employer la force pour
contraindre les Bulgares au respect des conventions,
et rétablir l'autorité du Sultan dans la Roumélie ré-
voltée. D'autre part, le pacte de 1878 ayant été signé par
toutes les puissances, il y avait lieu de se demander
si le gouvernement ottoman n'allait pas invoquer la
clause de garantie de l'intégrité de la Turquie pour demander l'appui de l'Europe dans le rétablissement du
statu quo en Roumélie. Parmi les puissances signataires, il en était une qui pouvait se croire à bon droit
plus profondément blessée que les autres dans son
amour-propre national et ses intérêts politiques : c'était
la Russie. Elle entretenait alors avec le gouvernement

bulgare, et depuis longtemps déjà, des relations qui étaient loin d'être amicales, et de plus, elle avait cherché par tous les moyens à retarder l'union des deux Bulgaries qu'elle jugeait alors contraire à ses intérêts.

A ces motifs d'hostilité, il faut joindre aussi une inimitié personnelle entre l'Empereur Alexandre III et le prince de Battemberg. Celui-ci, depuis le renvoi des généraux Kaulbars et Soboleff, était en très mauvais termes avec son ancien protecteur, et les événements qui avaient précédé la révolution de Philippopoli n'avaient fait qu'accroître le ressentiment du tzar. Il est certain en effet que le prince de Bulgarie avait trompé le gouvernement russe sur son attitude en Roumélie. Dans une entrevue qu'il avait eue le 1ᵉʳ septembre 1885, à Franzensbad, avec M. de Giers, il s'était engagé à faire tous ses efforts pour réprimer le mouvement unioniste en Roumélie (1); or, quinze jours après ces déclarations, la révolution éclatait à Philippopoli et le prince s'y associait publiquement.

La Russie devait donc être et fut en effet la première à protester. Dès le lendemain des événements de Philoppopoli, en réponse à l'adresse qui lui avait été envoyée par les Bulgares pour le prier de reconnaître l'union, le tzar avait répondu par un télégramme dans lequel il blâmait vivement le coup d'Etat (2). Quelques jours après il ma-

(1) V. *Temps*, du 23 sept. 1885.
(2) V. *Livre jaune*, 1885. — Drandar, *Les événements politiques en*

nifestait son mécontentement par des mesures plus radicales, en rappelant le ministre de la guerre, le prince Cantacuzène et les autres officiers russes servant dans l'armée bulgare au moment où elle pouvait être appelée à marcher contre les troupes ottomanes. Une députation de la Sobranié se rendit alors à Saint-Pétersbourg pour implorer la protection du tzar et lui soumettre les vœux et les aspirations de la nation. Alexandre III ne se laissa pas fléchir et fit répondre par voie diplomatique que si « le vœu pour l'union des deux parties de la Bulgarie est légitime, et la Russie la désire aussi, S. M. ne saurait jamais approuver les moyens auxquels les Bulgares ont recouru contre sa volonté » (1).

A première vue il n'était pas facile de découvrir les raisons pour lesquelles la Russie protestait si violemment contre une politique qu'elle avait elle même inspirée et encouragée. Mais après réflexion, on s'aperçoit que les raisons étaient multiples : d'abord il était essentiel, pour son influence, que la question de la Macédoine fut aplanie avant la réunion des deux fractions de la Bulgarie ; nous voulons entendre par là, que les convoitises des diverses nationalités avoisinantes fussent satisfaites, afin de barrer la route de l'Autriche vers l'Est et permettre ainsi à la Russie de poursuivre sa politique traditionnelle, sans crainte du côté de la

Bulgarie. — *Fortinghtly Review*, 1885. *The Bul garian Imbroglio*.
(1) Cf. *Revue générale de Droit Int. Public*, 1896. *Une phase de la question bulgare* — *Mémorial Diplomatique*. Année 1883.

maison d'Autriche. Ensuite l'établissement d'une grande Bulgarie en une principauté satisfaite, indépendante et pacifique, la privait d'un de ses principaux atouts dans sa marche vers le Sud.

La puissance qui était *stricto sensu* la plus intéressée à réprimer la révolution Rouméliote c'était évidemment la Turquie, puisqu'en somme les derniers événements se traduisaient pour elle par la perte d'une riche province, et que jamais peut-être, depuis la naissance de la question d'Orient, le droit n'avait été au même degré de son côté. L'Europe eut certainement trouvé naturel que le Sultan donnât ordre à ses troupes d'entrer en Roumélie pour réprimer la révolte et rétablir le gouvernement légal. La mesure paraissait si conforme au droit que les Bulgares eux-mêmes s'y attendaient, puisqu'un de leurs premiers actes avait été la mobilisation de leur armée. Mais, en réalité, la situation de la Turquie n'était pas celle d'une puissance suzeraine vis-à-vis d'un vassal rebelle. La Porte a dû se rappeler que les Cabinets européens ont rarement appuyé ses prétentions contre les actes de ses vassaux rebelles qui avaient la conviction que les puissances ne permettraient jamais au Sultan de les châtier : « Les races orientales ne connais-« sent d'autre autorité que celle qui s'affirme par la « force matérielle et la Porte n'a pas eu à se louer de « l'emploi de ce moyen. Si le lendemain du coup de « main de Philippopoli, le Sultan avait fait marcher ses « troupes sur cette ville, est-il bien certain que la Russie

« aurait envisagé d'un bon œil cette exécution absolu-
« ment conforme aux droits de souveraineté et aux stipu-
« lations du traité de Berlin ? (1) » D'un autre côté, la
révolution de Philippopoli avait produit une violente
commotion parmi les petits Etats balkaniques ; la Serbie, la Grèce, mécontentes de la situation qui leur avait
été faite par le traité de Berlin, s'agitaient visiblement
et il était à redouter, que si la Turquie engageait les hostilités en Roumélie, elles n'en profitâssent pour envahir
la Macédoine qui attendait toujours les réformes stipu-
lées par le traité. La Porte risquait donc, en attaquant
les Bulgares, de déchaîner une guerre générale dans les
Balkans ; elle risquait, en outre, de se heurter à la résistance de l'Angleterre qui avait pris le contrepied de
la politique russe et soutenait les revendications unionistes des Bulgares.

Prise de scrupules et ayant conscience des difficultés
innombrables que la Roumélie Orientale ne cesserait de
lui susciter, la Porte prit le parti de se décharger du
fardeau de régulariser la situation anormale que venait
de créer le coup de main du 18 septembre.

Dans une note circulaire du 23 septembre 1885 (2)
elle déclarait que le prince Alexandre en se rendant à
Philippopoli avait bravé les puissances signataires
du traité de Berlin et qu'en conséquence le gouverne-

(1) Cf. *Mémorial Diplomat.*, année 1886.
(2) Cf. *Livre jaune.* « Affaires de Roumélie », 1885.

ment impérial croyait « nécessaire de recourir aux Cabinets pour demander leur intervention bienveillante en vue de rappeler Son Altesse au respect de ses véritables devoirs (1) ». Une fois de plus, la solution des difficultés issues de la question d'Orient allait être confiée aux soins de l'Europe.

Les sentiments que la Révolution de Philippopoli avait fait naître chez les chancelleries européennes étaient très divers : La Russie, nous l'avons vu, était franchement hostile au prince Alexandre et à son peuple et résolue à user de toutes les mesures pour rétablir le *statu quo ante.* Elle serait même intervenue personnellement si elle n'avait craint d'être arrêtée par les autres puissances.

L'Autriche, semble-t-il au premier abord, aurait dû prendre parti pour les Bulgares, puisque par là elle combattait l'influence moscovite et augmentait sa prépondérance en Orient. Cependant de bonne heure elle prit parti pour la Turquie contre la révolution et l'Empereur déclarait aux Délégations, dans son discours du trône, le 3 octobre 1885, que « le respect des traités et le maintien des droits et obligations qui en découlent, étaient la condition de la confiance témoignée par

---

(1) En même temps, une députation rouméliote, composée de MM. Petroff et Tchmakoff, qui s'était rendue à Constantinople, rapportait l'assurance que la Turquie accepterait à certaines conditions l'union de la Roumélie et de la Bulgarie. Cf. *Livre jaune.* « Affaires de Roumélie ». Année 1885-86, p. 164.

l'Europe aux peuples balkaniques en leur apportant les conditions d'une existence politique autonome ».

C'est qu'un Etat comme l'Autriche, dont l'existence même repose sur la division des diverses nationalités qui la composent, ne peut avoir qu'une politique égoïste basée sur une simple question de famille. Tout ce qui peut contribuer à réunir les divers éléments d'une nation, ou qui tendrait même à la renforcer ne peut être qu'un exemple dangereux aux intérêts de la dynastie (1). Puis l'Autriche avait une autre raison plus immédiate ; elle tenait essentiellement à se maintenir en bons rapports avec la Turquie et avec la Serbie, dont elle convoite la conquête économique. Approuver le coup de main de Philippopoli, c'eut été froisser la Porte et mécontenter les Serbes irrités de l'accroissement territorial que la révolution donnait aux Bulgares. C'est pourquoi le cabinet de Vienne était très disposé à permettre à la Turquie de rétablir par tous les moyens son autorité en Roumélie ; mais il ne voulait pas aller plus loin et refusait de coopérer à toute action armée, entendant surtout empêcher la Russie d'intervenir seule en Bulgarie.

L'Allemagne, alliée de l'Autriche, avec les mêmes intérêts qu'elle en Orient, suivait exactement la même politique. Quant à la France, à la nouvelle de la révo-

(1) *Contemporary Review*, 1885.

lution, elle avait été partagée entre deux sentiments bien distincts : le désir d'applaudir à la constitution du nouvel Etat bulgare, application du principe des nationalités, qu'elle avait toujours essayé
de faire prévaloir ; et crainte de voir la paix compromise par ce nouveau et subit demembrement de
l'Empire Ottoman. Le Cabinet français inclinait donc
à accepter le fait accompli à condition qu'il fût reconnu également par les autres puissances ga-
rantes de l'intégrité de la Turquie. C'est la politique
exposée par M. de Freycinet, ministre des affaires étrangères, dans ses instructions à l'ambassadeur de France à Constantinople, le marquis de
Noailles. « Partisans décidés du maintien de l'Em-
« pire Ottoman, nous sommes d'avance hostiles à tout ce
« qui peut l'affaiblir. Mais non moins désireux de la con-
« servation de la paix européenne, nous devons nous de-
« mander si aujourd'hui, un brusque retour à l'état de
« choses antérieur est possible sans faire courir à cette
« paix de sérieux dangers. Les jours écoulés depuis la
« première nouvelle de l'insurrection, le temps qui lui a été
« laissé pour prendre des racines et conquérir des appuis
« au dehors, tout concourt pour faire douter du succès
« pacifique qu'aurait une tentative tendant à annuler
« les effets des derniers événements. Dans ces conditions
« et sans prendre vous-même aucune initiative que l'inté-
« rêt de la France dans cette question ne comporte pas,
« vous vous rallierez à la majorité de vos collègues, si

« cette majorité opine pour reconnaître le fait accom-
« pli (1). »

La seule puissance qui avait le plus grand intérêt à
favoriser la révolution Rouméliote, c'était l'Angleterre.
Sa diplomatie qui, au Congrès de Berlin, avait empêché
la création d'une grande Bulgarie dépendante de la
Russie, ne pouvait maintenant que l'approuver du moment qu'elle se constituait contre elle. Le Cabinet de
Londres voyait en outre avec satisfaction les deux Bulgaries réunies sous la main d'un prince possédant à un
haut degré l'indépendance du cœur, avide de s'affranchir de la tutelle moscovite, commandant à 50.000
hommes, et pouvant mettre à sa disposition, dans le cas
d'une guerre avec la Russie, les ports de Varna et de
Bourgas. Faisant métier d'exciter les peuples à revendiquer leurs droits, sans croire pour cela contracter
aucun engagement de les secourir à l'heure des
embarras et des détresses, les rapports de l'Angleterre
avec le gouvernement ottoman étaient plutôt tendus à la
suite des affaires de Grèce et de Monténégro, et surtout à
la suite de son établissement en Egypte. Dans ces conditions l'opinion publique, la presse et les milieux offi-
ciels ne pouvaient qu'être favorables aux révolutionnaires de Philippopoli. L'agent britannique, à Sofia,
M. Lascelles, n'avait pas hésité, contrairement aux

---

(1) Cf. Instruction du 29 septembre 1885. *Livre jaune*, 1885,
n° 77.

usages diplomatiques admis, d'accompagner le prince Alexandre dans son voyage à Philippopoli, le lendemain du coup d'Etat. Lord Salisbury, par une dépêche du 25 septembre 1885, faisait savoir aux agents consulaires de S. M. Britannique, qu'ils auraient à reconnaître le gouvernement de fait pour toutes les mesures pratiques, en prenant soin de ne point agir de façon à admettre un gouvernement *de jure* (1). Et il déclarait hautement qu'il fallait, conformémént à leurs désirs, placer les habitants de la Roumélie sous l'administration du prince de Bulgarie (2).

En somme, si l'on met à part la Russie, les puissances européennes, tout en blâmant la révolution, étaient d'accord sur certains points de la politique à suivre : Elles n'étaient pas disposées à intervenir par les armes entre le Sultan et ses sujets révoltés, et tenaient à empêcher la Russie d'intervenir isolément. Par une première note du 13 octobre 1885, elles blâmaient la révolution et recommandaient le calme aux populations Bulgares.

(1) V. *Livre bleu anglais*. An. 1886.

(2) Discours de Lord Salisbury, du 7 oct. 1885. Cf. *Revue de droit Internat.* Année 1886. — *Mémorial Diplomatique.* Année 1885.

Dans une lettre adressée à Sir W. White, ambassadeur de la reine à Constantinople, à la date du 2 nov. 1885, le marquis de Salisbury faisait remarquer que la Turquie n'ayant pas entrepris de rétablir son autorité dans les provinces révoltées, par la force, elle avait perdu le droit de faire appel aux autres signataires du traité, en vue d'obtenir d'eux une sorte de mandat pour agir militairement dans le même but.

Mais ce n'était là qu'un début ; il fallait prendre des mesures plus efficaces.

Sur le conseil du cabinet de Saint-Pétersbourg, la Porte proposa, le 21 octobre, la réunion à Constantinople d'une Conférence européenne destinée à résoudre les difficultés surgies en Roumélie sur la base du maintien du traité de Berlin, afin d'ôter tout prétexte à des revendications gréco-serbes (1). La proposition fut acceptée et les représentants des puissances signataires de l'acte de Berlin se réunirent le 5 novembre 1885.

Les représentants de la Turquie exprimèrent dès le début le désir de leur commettant de voir la Conférence arriver à une solution conforme aux traités, aux droits de S. M. le Sultan et au *statu quo ante* (2).

Les ambassadeurs de Russie, d'Autriche, d'Allemagne, de France et de l'Italie acceptèrent ce point de départ et affirmèrent le désir de leur gouvernement de se rallier à toute combinaison ayant pour but le maintien de la paix et le respect des droits souverains de S. M. le Sultan. La consultation ainsi ouverte était destinée, dans la pensée de ses promoteurs, à investir la Porte d'une sorte de mandat européen pour l'exercice

(1) *Livre jaune.* « Affaires de Roumélie et de Grèce », 1885-86.

(2) Protocole du 7 novembre 1885. Voy. Les protocoles de la Conférence rapportés dans les *Archives Diplomatiques* de 1886, p. 216, et suiv.

des droits qu'elle tenait déjà du traité de Berlin (1).

Seul le représentant de la Grande-Bretagne refusa d'adhérer à ce programme, en demandant à la Conférence de s'occuper en premier lieu de l'amélioration du sort des populations rouméliotes et de l'examen de leurs griefs. La Turquie proposa alors l'envoi d'un délégué au prince Alexandre, pour l'inviter, au nom du Sultan et des Grandes Puissances, à évacuer la Roumélie et exhorter la population à rentrer dans l'obéissance avec promesse qu'une commission Européenne serait instituée pour modifier le Statut Organique dans un sens favorable à leurs revendications.

La proposition fut repoussée par le plénipotentiaire anglais qui insistait à ce qu'il fut procédé à une enquête immédiate. C'est que Lord Salisbury croyait toujours que l'union personnelle de la Bulgarie et de la Roumélie serait la solution finale ; le Cabinet de Berlin ne paraissait pas hostile à cette idée et on constatait même un revirement d'opinion en Russie (2).

Les délibérations de la Conférence menaçaient de traîner indéfiniment en longueur, sans arriver à une solution définitive, lorsqu'un événement aussi grave qu'inattendu vint interrompre les séances et transporter sur le champ de bataille de Slivnitza le règle-

(1) Cf. Dépêche de M. de Freycinet. *Livre jaune.* « Affaires de Roumélie et de Grèce », 1885-86.

(2) Cf. *Livre jaune.* « Affaires de Roumélie et de Grèce », 1885-86, p. 315.

ment de la question bulgare. Nous voulons parler de
la brusque entrée en scène de la Serbie le 14 novembre 1885.

Si l'inertie de la Porte Ottomane et les indécisions de
l'Europe risquaient de laisser le prince Alexandre ar-
rondir en paix ses Etats, il ne pouvait en être de même
des Serbes et des Grecs, qui ne voyaient pas sans une
certaine émotion ce subit agrandissement de la Bulgarie. Selon la très judicieuse remarque de M. A. Leroy-
Beaulieu, les nouveaux Etats des Balkans n'ont guère
fait autre chose que de prétendre appliquer à la Turquie
les règles autrefois posées par la Prusse, l'Autriche et
la Russie dans les partages de la Pologne ; les Serbes
ne pouvaient se faire à l'idée que cette Bulgarie née
d'hier et encore vassale du Sultan pût librement
s'étendre des deux côtés des Balkans, tandis que la Serbie resterait emprisonnée dans les frontières du Congrès de Berlin.

L'agression dont se rendait coupable le roi Milan paraissait d'autant plus injustifiable qu'il n'avait aucune
revendication à faire valoir du côté de la Bulgarie.
D'après tout ce que l'on sait de l'ethnographie de ces
régions, il semble que c'est la Serbie, au contraire, qui,
dans le bassin de la Morawa, vers Nisch et vers Pirot,
s'est annexée par le traité de Berlin, des districts en
majorité bulgares et reconnus comme tels à San Stéfano (1).

(1) Cf. *Revue Diplomatique*, 1885.

En réalité l'hostilité des Serbes était due à un sentiment de particularisme étroit; bien loin de se montrer
solidaires des Slaves du Sud, ils sont des adversaires
acharnés du panslavisme; or toute velléité d'agrandissement de la part de leurs voisins était un obstacle à la
réalisation de leurs espérances en Macédoine. La révolution de Philippopoli en reconstituant une Grande
Bulgarie leur faisait perdre la prépondérance dans les
Balkans. Pour y obvier, il fallait obtenir des compensations qu'on ne pouvait songer à arracher à la Turquie, toute lutte avec elle ne pouvant que lui être favorable. Il ne restait qu'un parti à prendre; c'était
d'attaquer la Bulgarie, lui infliger une défaite et s'enri-
chir de ses dépouilles.

De ce côté, la victoire paraissait probable, d'autant
que les troupes bulgares étaient alors massées sur la
frontière turque et qu'elles étaient désorganisées par le
départ des officiers russes. Le roi Milan saisit l'occasion
que lui offrait un incident de frontières sans importance pour lancer ses troupes dans la direction de Sofia,
au mépris de toutes les règles du Droit des Gens (1).

(1) La Bulgarie étant la vassale de la Porte, il semble que celle-ci
aurait dû être mise en cause par les Serbes qui, en s'abstenant
de le faire, portaient une visible atteinte aux droits de suzeraineté
du Sultan.

D'autre part, la précipitation avec laquelle le roi Milan fit franchir
la frontière à ses troupes, avant même que la déclaration de guerre
fut connue à Sofia, peut être considérée, à juste titre, comme blâ-
mable.

L'Europe était convaincue que, la Serbie victorieuse, ce serait la solution du conflit turco-rouméliote et elle était toute disposée à laisser aux armes le soin de tirer la diplomatie d'embarras. Il est certain que les premiers engagements furent favorables aux Serbes ; mais tout changea quand le prince Alexandre se fut transporté sur le théâtre de la guerre avec son armée qu'il ramenait de la Roumélie. La sanglante bataille de Slivnitza, qui dura trois jours (17, 18 et 19 novembre), décida du sort de la lutte ; le prince de Bulgarie envahit à son tour la Serbie, occupa la ville de Pirot et allait poursuivre sa marche sur Belgrade, lorsqu'il fut arrêté par l'intervention de l'Autriche (1).

Le cabinet de Vienne avait été dès le début favorable à la guerre ; il voyait d'un bon œil la Serbie se détourner de la Bosnie pour reporter ses ambitions vers l'Est, et il espérait que la victoire consoliderait le trône des Obrenovitch, devenus ses clients. Mais la victoire des Bulgares avait surpris toute l'Europe et rendu encore plus ardue la tâche de la Conférence de Constantinople. Il était impossible de ne tenir aucun compte des événements accomplis et, d'autre part, la Conférence ne pouvait accepter purement et simplement les conséquences de la révolution rouméliote, sans paraître donner une sorte de prime d'encouragement à toutes les entreprises

---

(1) La paix entre la Serbie et la Bulgarie fut signée à Bucharest le 3 mars 1886.

insurrectionnelles de l'avenir. Le prince Alexandre et le Sultan se chargèrent, cette fois, de tirer l'Europe d'embarras.

Se voyant tout à fait abandonné par la Russie et arrêté dans sa marche sur Belgrade par l'hostilité de l'Autriche, Alexandre de Battemberg rechercha la protection de la Porte. Le Sultan, de son côté, avait envoyé à Philippopoli, conformément au vœu de la Conférence, un commissaire provisoire, Lebib Effendi, qui s'était convaincu que l'ancien état de choses ne pouvait plus être rétabli en Roumélie. Le Divan pensa que ne pouvant rétablir son autorité sur la Roumélie, il était de son intérêt de s'attacher la Grande Bulgarie reconstituée, et il résolut de traiter directement avec son vassal. Déjà à Vienne et à Berlin on faisait remarquer que l'action du prince Alexandre n'excluait en rien les chances d'un arrangement pacifique, qu'il prétendait simplement se substituer au gouverneur de la Roumélie Orientale et réaliser sous cette forme l'union personnelle des deux tronçons bulgares.

Cette situation n'était pas plus contradictoire, tout au moins en théorie, que jadis celle du roi des Pays-Bas, souverain indépendant de ses Etats Néerlandais et membre subordonné de la Confédération germanique pour le grand duché du Luxembourg.

Dès le 31 janvier 1886, les négociations étaient entamées entre les parties intéressées sur les bases suivantes :

Le gouvernement général de la Roumélie Orientale
serait confié au prince Alexandre, aux conditions fixées
par le traité de Berlin, pour une période de cinq ans,
renouvelable à l'expiration de chaque délai, conformément à l'art. 17 du même traité. Une partie du canton
de Kardjali, et les villages de la région du Rhodope,
peuples de musulmans, feraient retour à la Turquie. Enfin une alliance offensive et défensive serait conclue
entre l'Empire Ottoman et la principauté de Bulgarie.

Ces ouvertures furent assez mal accueillies à Sofia où
l'opinion publique penchait de plus en plus vers l'union
réelle et représentait le prince Alexandre comme des-
cendu au rang d'un fonctionnaire turc. De son côté, le
Cabinet de Saint-Pétersbourg faisait observer que du
moment que le prince de Bulgarie était vassal du Sultan,
ses troupes devaient marcher à l'appel du souverain. Cela
étant de droit, il était inutile de l'écrire dans un arrangement; une pareille clause ne pouvant que soulever
une vive irritation parmi les populations chrétiennes
des Balkans, notamment les Serbes et les Grecs, qui ne
manqueraient pas de la considérer comme dirigée
contre eux. Il protestait en outre contre l'insertion
du nom du prince Alexandre dans l'acte lui-même,
ainsi que contre la clause de l'arrangement qui donnait
au prince de Bulgarie la qualité de gouverneur général,
de la simple autorité du Sultan et non, comme il était
stipulé dans le traité de Berlin, du consentement de
l'Europe.

Mais enfin, malgré les protestations du prince Alexandre, qui refusait de signer une convention où son nom ne figurerait pas, la possibilité d'un arrangement pacifique de la question, était apparue et la Conférence de Constantinople se garda bien de l'écarter. Le 5 avril 1886, une convention, ratifiée par les puissances signataires du traité de Berlin, déterminait la situation nouvelle qui était faite à la Roumélie Orientale.

Nous croyons utile de la citer in extenso, car c'est le dernier accord international qui soit intervenu depuis le Congrès de Berlin pour régler les relations entre la Bulgarie et la Roumélie Orientale.

« 1° Le Gouvernement général de la Roumélie Orien-« tale sera confié au prince de Bulgarie, conformément « à l'art. 17 du traité de Berlin.

« 2° Tant que l'administration de la Roumélie Orien-« tale et celle de la principauté de Bulgarie resteront « entre les mains d'une seule et même personne, les vil-« lages musulmans du canton de Kirdjali, ainsi que les « villages sis dans la région de Rhodope et restés jus-« qu'ici en dehors de l'administration de la Roumélie « Orientale, seront séparés de cette province et admi-« nistrés directement par le Gouvernement Impérial, et « ce, au lieu et place du droit de la Sublime Porte, stipulé « dans l'alinéa 1 de l'article 15 du traité de Berlin.

« La délimitation de ce canton et des villages en ques-« tion sera faite par les soins d'une commission techni-

« que nommée par la Sublime Porte et le prince de Bul-
« garie. Elle sera applicable sur le terrain et il y sera
« tenu naturellement compte des conditions stratégiques
« nécessaires, au mieux des intérêts du Gouvernement
« Impérial.

« 3° En vue d'assurer perpétuellement l'ordre et la
« tranquillité en Roumélie Orientale, ainsi que la pros-
« périté de tous les sujets de S. M. I. le Sultan habitant
« cette province, une commission nommée par la Su-
« blime Porte et par le prince de Bulgarie sera chargée
« d'en examiner le Statut Organique et de le modifier
« selon les exigences de la situation et les besoins locaux.

« Tous les intérêts du Trésor Impérial seront égale-
« ment pris en considération.

« Cette commission achèvera dans un délai de quatre
« mois ses travaux qui devront être soumis à la sanction
« de la Conférence de Constantinople. Jusqu'à ce que ces
« modifications soient sanctionnées, le soin d'administrer
« la province, suivant les formes exigées par les circons-
« tances actuelles, sera confié à la fidélité du prince.

« 4° Toutes les autres dispositions du traité de
« Berlin, relatives à la principauté de Bulgarie et à la
« Roumélie Orientale, sont et demeurent maintenues et
« exécutoires.

« Les puissances donneront aussi leur sanction for-
« melle à cet acte dans une conférence qui devra se
« réunir à Constantinople, lorsqu'elles seront à même de
« sanctionner le Statut revisé de la Roumélie Orientale.

« Fait et signé à Constantinople le 5 avril 1886, dans
« le Kiosque Impérial de Top-Hané (1). »

Après leur victoire militaire, les Bulgares rempor-
taient aussi une victoiré diplomatique et faisaient reconnaître leur union par la puissance la plus directement intéressée à la combattre. Mais ils ne jugèrent
point leur triomphe assez complet, et tous leurs efforts
devaient tendre, depuis ce jour, à transformer en une
union réelle, ce qui n'était qu'une simple union personnelle. Sous l'influence de la Presse et de la diplomatie anglaises qui les incitaient à secouer la tutelle
politique de la Turquie et de l'Europe, ils accusaient le
prince Alexandre de s'être laissé dupé par la Porte et la
diplomatie européenne. Celui-ci devait céder à l'intensité du mouvement national et inaugurer, dès le lendemain de la Convention du 5 avril, une politique purement unitaire. Dès le 10 avril, un décret convoquait les
électeurs de la Bulgarie du Sud à élire leurs représentants à l'Assemblée nationale bulgare. Un autre décret
du prince déclarait les lois judiciaires de la Bulgarie
applicables à la Roumélie, à partir du 1er janvier 1886.
La Russie protesta contre ces procédés illégaux par une
note du 11 juin, adressée à la Porte et la mettant en
demeure de faire rentrer le gouvernement bulgare
dans le devoir. La Turquie ne prit aucune mesure et
l'Europe, tournée du côté de la Grèce, laissa les événements s'accomplir.

(1) *Mémorial Diplomatique*, 1886.

Le 14 juin 1886, les députés bulgares et rouméliotes s'assemblaient à Sofia et proclamaient l'union réelle. « C'est avec une joie profonde, disait le prince Alexandre « dans son message à l'Assemblée, que nous constatons, « devant vous, que l'union si longtemps attendue et si « sincèrement désirée est faite. La preuve en est qu'au- « jourd'hui une Assemblée générale nationale bulgare « examinera et décidera les affaires concernant la patrie « commune ».

Depuis ce jour on peut dire qu'il n'existe plus de Roumélie Orientale, mais un Etat bulgare centralisé s'étendant sur les deux versants des Balkans et dans lequel l'administration, la justice, l'armée ont été unifiées.

Avec la proclamation de l'union réelle, se termine aussi l'histoire diplomatique de la Roumélie Orientale. Mais le nouvel Etat bulgare ne devait pas être reconnu de sitôt par les puissances qui avaient contribué passivement à sa formation. Issu de la révolution, formé contre le gré de certaines d'entre elles, il avait encore à vaincre de nombreuses difficultés, suscitées principalement par la Russie, avant de jouir de toutes les prérogatives de la souveraineté internationale. Il nous reste à exposer brièvement ces difficultés et la manière dont elles ont été résolues, avant d'entrer dans l'examen du problème que soulève aujourd'hui la réunion de la Roumélie Orientale à la principauté de Bulgarie.

La division arbitraire de la Bulgarie a été la source de difficultés constantes tant pour la Bulgarie que pour l'Europe. Une Bulgarie faible signifie une Russie forte, et personne n'a mieux aperçu cette vérité que les hommes d'Etat qui dirigent la politique de cette puissance ; Tous leurs efforts ont tendu à laisser cette plaie saignante ouverte dans la péninsule des Balkans. En mars 1886, la Russie approuvait le nouvel état de choses créé en Roumélie aux deux seules conditions suivantes : que le nom. du prince Alexandre serait laissé en dehors du traité et que le prince de Bulgarie ne serait nommé gouverneur général de la Roumélie Orientale que pour cinq ans. Cette attitude se comprend si l'on songe que, préoccupé surtout de la déposition du prince Alexandre de Battemberg, il aurait été nécessaire d'obtenir la sanction du Sultan à cette déposition si son nom avait été inséré dans le traité au lieu et place de l'appellation plus générale de prince de Bulgarie. Autrement, le prince, tout en cessant d'être prince de Bulgarie, aurait continué d'être gouverneur général de la Roumélie Orientale (1).

Il y avait précisément dans la principauté un parti qui, malgré les derniers incidents, était resté attaché à la Russie ; parti très peu nombreux, il est vrai, mais très ardent dans ses sympathies russophiles. Il

---

(1) Cf. Minchin, *The growth of precedom in the Balkan Peninsula.*

comptait surtout parmi ses membres des officiers qui étaient allés compléter leur instruction en Russie et qui avaient eu à se plaindre particulièrement du prince Alexandre. C'est à ce parti que les agents russes à Sofia eurent recours pour renverser et provoquer un coup d'Etat. Un complot fut formé par lui et dans la nuit du 21 août 1886, le prince Alexandre, cerné dans son palais, était fait prisonnier et transporté en Autriche, pendant qu'un gouvernement provisoire, dévoué à la politique russe, était installé à Sofia (1). Quelques jours après une contre-révolution rappelait le prince Alexandre et le consolidait sur le trône.

Mais celui-ci n'avait pas grande illusion à se faire sur la stabilité de la situation actuelle. L'Europe se désintéressait de sa personne, sauf l'Angleterre qui le protégeait encore, mais qui n'était pas disposée à se compromettre pour lui. La Turquie, dont il s'était rapproché dans les derniers temps, était impuissante à son égard (2). Resté seul en face du tzar, irrité de l'avortement du coup d'Etat et personnellement hostile à sa personne, Alexandre de Battemberg essaya de modifier sa politique en déclarant qu'il entendait gouverner « conformément aux volontés de la Russie ».

(1) Voir le récit du coup d'État du 21 août dans la note adressée à son gouvernement par M. Condie Stephen, gérant de l'Agence Diplomatique de la Grande-Bretagne, à Sofia. *Revue de droit Internat. et de législation comparée.* Année 1887, p. 83.

(2) Cf. Daniel, *Année Politique,* 1886.

Mais le dessein de l'Empereur était bien arrêté et il répondit en ces termes au prince Alexandre : « Je ne « puis approuver votre retour en Bulgarie en en pré- « voyant les conséquences sinistres pour un pays déjà « si éprouvé...... Votre Altesse appréciera ce qu'elle a à « faire ; je me réserve de juger ce que me commandent « la mémoire vénérée de mon père, l'intérêt de la Russie « et la paix de l'Orient (1). »

Le prince Alexandre prit alors le dernier parti qu'il lui restait à prendre et signa son abdication le 7 septembre 1886, après avoir confié la régence du pouvoir à un conseil de trois membres, MM. Stambouloff, Mouktouroff et Karaveloff.

Les trois régents étaient ardemment hostiles à la Russie et avaient pour eux la majorité du pays ; ils se trouvaient en face d'une Russie courroucée et résolue de reconquérir son influence en Bulgarie par tous les moyens. Invoquant une demande qui lui avait été adressée par les auteurs du complot du 21 août, le Cabinet de Saint-Pétersbourg envoya en Bulgarie, en qualité de gérant temporaire de l'agence diplomatique à Sofia, le général Kaulbars (2). La mission officielle de l'envoyé russe était ainsi définie. « Le général major baron Kaulbars aura à étudier en détail la situation des affaires en Bulgarie et à assister de ses conseils les Bul-

(1) *Archives Diplomatiques*, 1887, t. I.
(2) C'était le frère du général Kaulbars qui avait été envoyé, en 1881, à Sofia, avec le général Soboleff.

gares pour les faire sortir de la crise que traverse leur pays » (1). En réalité le commissaire russe était chargé de réduire à l'obéissance le gouvernement provisoire, de le renverser s'il faisait mine de résister et de faire naître dans le pays des troubles qui fourniraient un prétexte à l'occupation de la principauté par la Russie.

Une pareille politique qui pourrait étonner, appliquée en d'autres circonstances, était cependant le seul moyen qui pouvait alors réussir chez un peuple de mœurs simples, habitué de longue date à s'incliner devant la force. Au point de vue du Droit Public et des traités, la mission du général Kaulbars était tout à fait arbitraire ; le traité de Berlin ne donnait nullement à la Russie le droit de s'immiscer dans les affaires intérieures de la principauté et on ne saurait admettre dans la stricte application des principes du Droit des Gens qu'un agent étranger vienne se mettre en rapport direct avec les autorités constituées d'un pays pour les détacher du gouvernement central.

Mais le traité de Berlin et la Convention du 5 avril avaient été violés par les Bulgares eux-mêmes, ce qui mettait le gouvernement de la régence en mauvaise posture pour protester contre la violation du droit. Néanmoins, tout en se montrant dans la forme très respectueux du gouvernement du tzar, il sut résister énergiquement, avec l'appui de la volonté nationale,

(1) Note du *Messager officiel russe*, du 16 sept. 1886.

aux prétentions exagérées du commissaire impérial.

Dès son arrivée, le général Kaulbars avait demandé l'ajournement des élections à la Sobranié ; mais, ne pouvant l'obtenir, il avait essayé de faire tourner au profit de la Russie les élections qui devaient avoir lieu le 10 octobre. Par une note circulaire du 9 octobre, adressée aux agents diplomatiques à Sofia, le gouvernement de la Régence invitait les étrangers à ne point s'immiscer dans les élections qui allaient avoir lieu sous peine d'expulsion immédiate. L'agence russe répliqua en rompant toute relation diplomatique avec le conseil de régence et en lui adressant un *blâme énergique* au sujet du contenu et de la forme de la note circulaire du 9 octobre. Le gouvernement répondit aussitôt que les « ministres bulgares ne reçoivent de blâme que de « la représentation nationale ainsi qu'il est établi dans « les pays constitutionnels ».

Les élections furent une véritable victoire pour le parti national bulgare. Tandis que le général Kaulbars avait pu à grande peine faire élire une cinquantaine de candidats russophiles, les électeurs envoyaient à l'Assemblée environ 450 députés gouvernementaux (1). C'était un échec complet pour la Russie ; un dernier moyen cependant lui restait encore ; c'était de faire occuper la Bulgarie par ses troupes, comme un siècle auparavant Catherine II avait envahi et annexé la

______

(1) Cf. Daniel, *Année politique*, 1887.

la Crimée au mépris du traité de Kutchuk-Kaïnardji qui en stipulait l'indépendance. Il est certain que le gouvernement russe songea alors sérieusement à une annexion de la Bulgarie que la presse et l'opinion publique réclamaient. S'il renonça à la tenter, c'est qu'il sentait bien que l'Europe ne la laisserait pas faire. Toutes les puissances en effet, blâmaient l'ingérence russe dans les Balkans ; toutes, même l'Allemagne, qui pourtant cherchait ostensiblement à se rapprocher de la Russie, étaient décidées à l'empêcher de consolider son influence dans la péninsule (1).

La mission du général Kaulbars se prolongea quelque temps encore au milieu d'incidents et de difficultés incessantes. Les élections ayant trompé ses espérances, il déclara que le gouvernement russe les tenait pour nulles, et réclama à la principauté une forte indemnité pour de prétendues agressions dont auraient été victimes quelques nationaux au cours des élections. Tout en observant une conduite correcte, l'assemblée bulgare refusa obstinément de se soumettre aux exigences et à la tutelle moscovites. On s'aperçut alors à Saint-Pétersbourg que la mission Kaulbars ne servirait, en se prolongeant, qu'à aliéner les derniers partisans que le panslavisme comptait encore à Sofia. Prenant prétexte

---

(1) V. Discours de Lord Salisbury au banquet annuel du Lord Maire, du 9 nov. 1886 (*Times* du 19 nov.). — Discours du comte Kalnoky, du 13 nov. 1886, rapporté dans les *Archives Diplomatiques* de 1887, p. 237.

d'un incident pour lequel il ne put obtenir la satisfaction qu'il exigeait (1) le général Kaulbars se retira, suivi de tous les consuls russes (20. nov. 1886) en déclarant que « le gouvernement actuel du pays avait perdu la confiance de la Russie et que le gouvernement impérial se voyait dans l'impossibilité de continuer ses relations avec le gouvernement bulgare, tant qu'il se composerait de ses membres actuels (2) ».

Le départ du général Kaulbars ne mettait pas fin aux difficultés au milieu desquelles se débattaient les Bulgares ; ils restaient avec un gouvernement provisoire, devant une situation intérieure troublée, agravée encore par l'hostilité de la Russie.

Le seul moyen de sortir de cet état d'instabilité c'était l'élection d'un prince qui fût accepté par l'Europe. Mais il était certain que le Cabinet de Saint-Pétersbourg refuserait son agrément à l'élection d'un prince, quelle que fût sa personnalité, qui la priverait désormais de tout prétexte à intervention. D'autre part, le traité de Berlin stipulant l'agrément de toutes les puissances signataires, on pouvait prévoir que les Cabinets euro-

(1) Une rixe avait éclaté entre un « kavass » (domestique) du consulat russe à Philippopoli, et un gardien de nuit. L'agence russe accusa la police d'avoir brutalisé le kavass, tandis que l'enquête avait établi que les torts étaient du côté de ce dernier. Malgré cela, le général Kaulbars demanda la révocation de plusieurs fonctionnaires de la police, satisfaction qui lui fut refusée.

(2) Note du 17 novembre. *Revue de Droit Internat. et de législation comparée*, 1887.

péens refuseraient leur adhésion à l'élection d'un can-
didat réprouvé par la Russie.

Déjà le 10 novembre 1886, la Sobranié avait offert la
couronne au prince Waldemar de Danemark, beau-frère
du tzar ; mais, devant l'hostilité de ce dernier, le roi
de Danemark avaît dû refuser la couronne pour son
fils.

Après le départ du commissaire russe, les Bulgares
pensèrent qu'il était sage de remettre leur sort entre les
mains de l'Europe et envoyèrent une députation composée de MM. Grékoff, Stoïloff et Kaltcheff, avec mission
de demander conseil aux Cabinets européens. Le Cabinet de Saint-Pétersbourg fit savoir qu'il ne pouvait la
recevoir ; partout ailleurs, les délégués furent admis à
présenter leurs doléances à titre purement privé, sous
prétexte que la Bulgarie, relevant au point de vue extérieur de la Porte, elle seule était qualifiée pour parler en
son nom. On leur conseilla néanmoins de se réconcilier
avec la Russie, si les Bulgares voulaient que leur futur
prince fût agréé par l'Europe (1).

La situation paraissait inextricable quand elle fut
dénouée grâce à l'énergie des Bulgares et aux rivalités
qui divisaient les nations européennes. Des difficultés
graves entre la France et l'Allemagne, à la suite de l'incident Schnœbélé, avaient détourné l'attention des chan-

____

(1) Voir les documents concernant le voyage des députés bulgares,
dans les *Archives Diplomatiques*, 1889, t. XXIX.

celleries européennes du côté des Balkans. Le gouvernement de Sofia saisit l'occasion pour agir à sa guise et appela au trône de Bulgarie le prince Ferdinand de Saxe-Cobourg (7 juillet 1887). Comme en 1885, la diplomatie du petit Etat balkanique allait mettre l'Europe devant un fait accompli, et de même que deux ans auparavant, cette tactique allait lui réussir. La Russie la première et après elle les autres puissances protestèrent bien contre une élection qui violait le texte du traité de Berlin (1) ; mais déjà le prince Ferdinand avait été favorablement accueilli en Bulgarie et sa présence semblait ramener le calme dans le pays. Toutes les puissances qui n'avaient pas intérêt à se montrer hostiles aux Bulgares, n'attendaient que l'occasion propice pour reconnaître le nouveau prince. On le vit bien lorsqu'en septembre 1887 le gouvernement russe proposa l'envoi à Sofia d'un commissaire chargé de prier le prince Ferdinand de quitter le pays et d'appeler le peuple bulgare au respect des traités. Les puissances qui avaient d'abord accepté en principe cette mesure, se retirèrent l'une après l'autre (2) et laissèrent la Russie seule avec la France pour appuyer sa démarche en Bulgarie. Quelques jours après l'Autriche, l'Angleterre

(1) Voir ces protestations dans les *Archives Diplomatiques*, 1889, t. XXX.

(2) Voir Discours de M. Crispi à la Chambre italienne (4 mai 94). *Archives Diplomatiques*, 1894.

et l'Italie reconnaissaient en fait le prince Ferdinand en permettant à leurs agents diplomatiques d'entrer en relations avec lui.

L'année suivante, la Russie faisait une nouvelle tentative dans la voie de l'ingérence brutale dans les affaires intérieures de la principauté. Par un communiqué paru dans le « Messager Officiel » du 23 février 1888, elle invitait les puissances « à faire à Constantinople des représentations, afin d'amener le Sultan à déclarer aux Bulgares que la personne qui porte actuellement le titre de prince n'est pas le souverain légal de la Bulgarie, mais simplement l'usurpateur du pouvoir ». Les cabinets de Londres, de Vienne et du Quirinal, refusèrent de s'associer à cette démarche et son unique résultat pratique fut un télégramme adressé le 5 mars 1888, par le Grand-Vizir Kiamil-pacha au gouvernement Bulgare, déclarant que « la présence du prince Ferdinand à la tête de la principauté était illégale et contraire au traité de Berlin » (1). Ce fut là la dernière tentative faite par la diplomatie russe pour protester contre la politique nationaliste dans laquelle s'étaient engagés les Bulgares ; à partir de ce moment, elle substitua à son attitude agressive une politique plus calme qui devait la conduire peu à peu à renouer avec la principauté des rapports amicaux.

(1) Rolin Jacquemyns. « Situation internationale de la Bulgarie en 1888 » (*Revue de Droit Int. et de Législ. comp.*, 1889).

D'un autre côté, on assistait à un revirement complet de la part des Bulgares eux-mêmes : Du jour où ils obtenaient de l'Europe la reconnaissance, tout au moins tacite, de l'union des deux Bulgaries et celle de leur souverain, ils n'avaient plus aucun intérêt à rester éloignés de la Russie, à laquelle les rattachaient des liens de parenté, de religion et toutes leurs traditions historiques (1). La Russie elle-même, vaincue par ses fautes mêmes dans son duel avec ce petit peuple, avait tout intérêt, maintenant, à ne pas le traiter en ennemi, mais à s'en faire un allié contre la Turquie. Telles nous semblent être les raisons qui expliquent la réconciliation qui s'est opérée entre Saint-Pétersbourg et Sofia, au cours de ces dernières années.

Toutefois, ce résultat ne pouvait être atteint que progressivement. Lorsque le prince Ferdinand arriva en Bulgarie, les passions anti-russes étaient encore trop vives pour que les idées de réconciliation pussent se faire jour. Les élections du 9 octobre 1887 avaient donné une majorité hostile à la Russie et le premier soin du ministère Stambouloff avait été de donner aux institutions un fonctionnement normal et de rétablir l'ordre et la stabilité en Bulgarie. En même temps qu'il poursuivait le travail de réorganisation qu'il avait entrepris, le panslavisme faisait de rapides progrès dans

(1) V. Discours de M. Stoïloff, président du Conseil, à la séance de la Sobranié du 5 novembre 1894. — *Archives Diplomatiques*, 1894, t. LII.

le pays. Le seul obstacle à une réconciliation avec la Russie était la présence au pouvoir de M. Stambouloff, qui s'était engagé trop avant dans une politique anti-russe pour opérer une volte-face complète. Il tomba du pouvoir le 18 mai 1894 et fut remplacé par M. Stoïloff, partisan reconnu de la Russie. Dès ce jour, les sentiments de reconnaissance envers le tzar, longtemps comprimés, éclataient de toutes parts et les élections de septembre 1894 amenaient à la Sobranié une énorme majorité russophile.

Quelque temps après, la mort tragique de l'Empereur Alexandre III fournissait aux Bulgares l'occasion de manifester solennellement leur désir de vivre en bons rapports avec la Russie. La conversion à la religion orthodoxe du prince Boris, héritier de la couronne, rendit la réconciliation complète et le prince Ferdinand fut admis à assister avec les honneurs princiers au couronnement de l'Empereur Nicolas II. Sur les instances de la diplomatie russe, le prince de Bulgarie fut reconnu officiellement par toutes les puissances signataires du traité de Berlin, et le Sultan lui faisait remettre, le 24 mars 1896, deux *firmans* qui le reconnaissent comme prince de Bulgarie et lui confirment la qualité de gouverneur général de la Roumélie Orientale (1).

(1) Nous donnons le texte de ces firmans dans la deuxième partie de notre étude, consacrée à l'examen juridique de l'union de la Bulgarie avec la Roumélie orientale.

Ainsi s'est constitué ce nouvel Etat bulgare qui a eu à conquérir deux fois son indépendance, une première fois contre l'autorité de la Porte, une seconde, contre l'asservissement politique de l'élément russe.

Il occupe aujourd'hui une place importante dans la presqu'île des Balkans, et on peut affirmer qu'il sera un des éléments sérieux dont l'Europe aura à tenir compte, le jour où se posera à nouveau la question d'Orient.

DEUXIÈME PARTIE

ÉTUDE JURIDIQUE

———

Cette dernière partie de notre travail sera consacrée
à l'étude des différentes questions juridiques que soulève au point de vue du droit International, l'union de
la bulgarie et de la Roumélie Orientale. Les unes d'un
ordre plus général feront l'objet de deux chapitres qui
seront consacrés, le premier à la légitimité du nouvel
Etat bulgare tel qu'il est résulté de l'union des deux
Bulgaries, le second à la détermination du caractère
d'indépendance ou de mi-souveraineté qu'il convient de
reconnaître à ce nouvel Etat. — Dans un troisième
chapitre, nous étudierons les questions d'un ordre plus
spécial se référant aux rapports de la Bulgarie avec les
Etats étrangers et avec la Turquie ; au tribut bulgare et
à la redevance de la Roumélie Orientale ; à l'organisation consulaire et aux capitulations ; enfin à la situation internationale du prince Ferdinand comme prince
de Bulgarie et gouverneur de la Roumélie Orientale.

CHAPITRE PREMIER

LES THÉORIES SUR LA FORMATION DES ÉTATS DE LA BULGARIE ACTUELLE

Nous avons précédemment montré par quelle évolution historique rapide avait [été préparée l'union des deux tronçons du territoire habité par les Bulgares et comment cette union s'était finalement réalisée par les événements révolutionnaires de 1885.

Le développement de cette évolution, le récit de ces événements nous ont montré l'antinomie flagrante qui en est résultée entre le fait accompli et l'ordre de droit créé par l'accord international de 1878, puisqu'à vrai dire la situation actuelle de la Roumélie Orientale présente comme le contre-pied des dispositions qui ont réglé son autonomie. En présence de cette situation un doute naît et une première question se pose à l'esprit du jurisconsulte : Le fait accompli peut-il légitimement aboutir à la suppression d'un ordre de choses établi par une convention internationale ? Plus spécialement la formation d'un nouvel État peut-elle légitimement se produire au mépris d'accords solennellement constatés par un traité conclu sans limitation de durée ?

La solution de cette question qui doit servir de base au règlement de la situation juridique de la Roumélie Orientale dépend d'abord incontestablement du sens dans lequel doivent s'entendre la permanence et la perpétuité des traités faits sans condition de durée. Or, à cet égard, il faut sans doute reconnaître qu'en principe les traités de cette nature doivent être exécutés dans l'ensemble de leurs stipulations, tant qu'ils n'ont pas été régulièrement modifiés ou abrogés. Lorsqu'il s'agit de traités perpétuels, la règle à poser c'est en effet que la convention ne peut disparaître que par la volonté commune des Etats contractants. Mais on est bien forcé d'admettre qu'en réalité les conventions internationales n'échappent jamais à la loi commune de l'histoire. « Comme les institutions politiques intérieures, « elles ont leur temps. Quand les mains auxquelles « sont confiées les destinées des empires ne savent pas « les transformer au moment opportun selon les besoins « de la société humaine et les lois du progrès, elles « tombent et se brisent, branches mortes de l'arbre de « la civilisation qui doit croître et s'étendre par l'uni- « vers entier (1) ».

Encore que leur conclusion ait été entourée des plus solennelles garanties, les traités demeureront toujours

____

(1) Arntz, *Revue de Droit International*, 1877.

susceptibles de s'altérer et de disparaître. Alors même qu'un traité qualifié de perpétuel exprime exactement les rapports existant au moment de sa négociation, entre les forces morales et matérielles des Etats qui y prennent part, une heure viendra toujours où ces rapports se modifiant, la convention cessera d'en être l'expression fidèle et ne sera plus *adéquate* à l'ordre de choses nouveau. Le traité tombera alors de lui-même et disparaîtra avec la cause même qui l'aura engendré.

S'il en est ainsi, et c'est difficilement contestable, des traités les plus solides et les mieux faits, à plus forte raison cette loi fatale de l'histoire trouvera-t-elle une facile et rapide application lorsqu'il s'agira de traités dans lesquels le sentiment des intérêts réels et des rapports durables aura été étouffé. Des conventions de cette nature ont en effet contre elles la force des choses, elles manquent de la raison d'être qui seule peut en assurer la permanence ; c'est vainement qu'on voudrait essayer d'en maintenir les stipulations. Les traités, remarquent très judicieusement MM. Funck-Brentano et Sorel (1) « tombent tous parce qu'ils sont « mal faits et tombent d'autant plus vite qu'ils ont été « plus mal faits. La durée des traités n'a donc, comme « leur valeur, d'autre fondement que l'intelligence et la « sincérité avec lesquelles les négociateurs ont tenu « compte des devoirs, des droits et des intérêts des

(1) *Précis du Droit des gens*, p. 129.

« Etats contractants. Les traités sont d'autant plus so-
« lides qu'ils ont été plus sages, d'autant plus durables
« qu'ils ont été plus bienfaisants. Ils ne peuvent être
« qualifiés de perpétuels que dans la mesure où ils con-
« cilient les lois permanentes de l'histoire générale
« avec les caractères propres à l'histoire particulière des
« Etats qui les concluent. »

Mais il reste encore à déterminer dans quelles circonstances on est légitimement autorisé à considérer
comme certaine, la disparition des dispositions d'un
traité non expressément abrogées par les Etats contractants. C'est là une tâche le plus souvent très délicate puisque pour la mener à bien on est conduit à déterminer avec exactitude les changements survenus
depuis la conclusion du traité, dans les rapports qu'il a
eu pour objet de constater. La difficulté à cet égard est
singulièrement amoindrie lorsqu'il s'agit d'apprécier
dans quelle mesure la formation d'un Etat créé au
mépris d'un accord international, entraîne la disparition partielle de cet accord et peut être considérée par
suite comme légitime. La formation des Etats se présente en effet comme un fait ; sa constatation ne peut
être elle-même l'objet de sérieuses difficultés ; mais ce
qui reste difficile à déterminer en droit strict c'est dans
quelle mesure le fait accompli peut aboutir à la création d'un *uti possidetis*. Or, à ce point de vue, il
semble aujourd'hui bien difficile de ne pas considérer
comme possible la transformation du fait en droit par

le laps de temps, ou en d'autres termes de ne pas admettre l'idée d'une véritable prescription de droit public. On a même justement observé que dans le droit public des Etats ce phénomène juridique est susceptible d'une réalisation plus large et plus facile qu'en droit privé à raison même de l'absence d'une autorité supérieure qui ait la charge et la possibilité de réprimer les usurpations triomphantes. L'observation est directement applicable en droit international. Loin de nous, certes, la pensée de souscrire sans réserve à la théorie du fait accompli ; admettre avec elle que toute usurpation est condamnable si elle échoue, juste si elle triomphe, c'est n'envisager que le côté extérieur des choses et fermer les yeux sur l'élément moral du droit. La vérité, c'est que le fait ne peut arriver à créer le droit que s'il est conforme dans son apparence extérieure à cet élément moral et s'il est par là même susceptible de durée. Au point de vue du droit public interne le fait ne devient légitime que tout autant qu'il est reconnu et approuvé par la conscience publique. Au point de vue du droit international il ne pourrait le devenir que s'il répond au sentiment intime des peuples, à leurs affinités propres et à leurs aspirations, telles qu'elles résultent de l'histoire. A cette condition seulement un ordre de choses nouveau peut présenter des garanties de stabilité et de durée susceptibles de le faire considérer comme légitime.

La déclaration du 4 juillet 1776 par laquelle les colonies anglaises de l'Amérique du Nord se déclaraient indépendantes, constitue un exemple saisissant de cette doctrine. Sans doute elle aboutissait à la création d'un nouvel Etat indépendant au mépris du droit de souveraineté de l'Angleterre sur ses colonies. Et cependant le fait ainsi accompli ne pouvait manquer d'aboutir à la création d'un ordre de choses légitime parce qu'il tirait toute sa force d'indéniables aspirations à l'indépendance. Les événements le prouvèrent bien ; la France ne tardait pas à reconnaître l'indépendance des anciennes colonies anglaises en concluant, le 6 février 1778, un double traité de commerce et d'alliance avec la jeune république ; en informant le Cabinet anglais de la conclusion de ces traités elle ne manqua pas de justifier sa conduite en alléguant que les Etats-Unis étaient en possession de leur indépendance.

Bientôt après, en 1783, l'Angleterre elle-même devait à son tour la reconnaître par le traité de Versailles qui consacrait définitivement, au point de vue du droit international, le fait accompli.

Nous admettons bien que la solution du problème bulgaro-rouméliote se complique par ce fait que l'union de la Bulgarie et de la Roumélie s'est opérée en violation flagrante d'un accord international solennellement constaté ; mais les considérations que nous avons précédemment développées montrent bien qu'il n'en saurait résulter un obstacle invincible à la consécration de l'ordre de faits ainsi accompli. L'histoire des anciennes principautés de Moldavie et de Valachie en témoignerait encore au besoin : La double élection du prince Couza n'avait-elle pas eu lieu au mépris de la Convention de Paris ? Elle fut cependant acceptée par l'Europe tout aussi bien que l'élection du prince Charles en 1866. Au surplus, s'il est vrai que l'union bulgaro-rouméliote s'est opérée au mépris du traité de Berlin, il n'est pas sans intérêt de rappeler comment furent appliquées certaines autres dispositions de ce fameux acte L'art. 25 notamment stipulait que la Bosnie et l'Herzégovine seraient occupées et administrées par l'Autriche-Hongrie. Il ne donnait pas à cette puissance le droit de recruter dans ces provinces des troupes qui iraient tenir garnison à Vienne ; on sait cependant de quelle façon singulièrement abusive elle a interprété le droit d'administration que lui reconnaissait le traité de Berlin (1).

Sans doute une violation ne peut se justifier par une autre violation ; mais s'il est vrai que les traités portent en eux-mêmes le ferment de leur propre destruction et ne valent que par l'exactitude et la sincérité avec lesquelles ils expriment les rapports des Etats et le sentiment intime des peuples, les violations partielles et répétées dont ils sont l'objet ne peuvent passer indifférentes ; elles demeurent toujours comme les manifestations indéniables des vices de leur rédaction.

____

(1) Cf. Thèse de M. Spatailovitch. *La Bosnie et l'Herzégovine.*

Dans la première partie de cette étude nous avons déjà pu apprécier la faute lourde que présentait, au point de vue historique, la division arbitraire de la Bulgarie, telle qu'elle résultait du traité de Berlin. Les développements que nous venons de présenter nous ont amené à conclure que l'existence de ce traité ne suffisait pas à créer, au point de vue juridique, un obstacle permanent à la reconnaissance du nouvel Etat bulgare, pourvu qu'on constate qu'il s'est formé conformément aux principes qui justifient la naissance des Etats à la vie internationale.

Sur ce point, la controverse est courante, quant au principe le plus rationnel qui doit régir la formation des Etats. Nous ne pouvons entrer ici dans le détail des théories si nombreuses et si contradictoires qui ont été émises sur cette difficile question. Nous nous bornerons à résumer celle qui aujourd'hui a fait le plus de progrès dans la science et réunit le plus grand nombre d'adhésions parce qu'elle est à la fois la plus logique, la plus facilement applicable et en même temps la plus conforme à l'ensemble des droits naturels reconnus par le droit moderne à la personnalité humaine. Cette théorie est celle qui trouve la justification rationnelle de toute société politique dans le consentement exprès ou tacite de ses membres, s'unissant librement pour assurer dans les meilleures conditions possibles leur prospérité commune. Ainsi que le dit Pasquale Fiore « un Etat doit être considéré comme légitimement

« constitué, lorsqu'il est une libre association d'hommes,
« rassemblés pour la vie commune, de leur propre volonté
« expresse ou tacite sur un territoire qu'ils habitent
« d'une façon permanente, et manifestant la volonté
« constante et sincère de rester unis par la communauté
« des mœurs, des institutions, de la culture et par un
« gouvernement autonome conforme au vœu de la ma-
« jorité (1) ».

Il semble que ces mots aient été écrits pour justifier
la formation de la plus grande Bulgarie. Si jamais association humaine a été libre de la part de ceux qui
l'ont contractée, c'est bien celle des Bulgares et Rouméliotes qui l'ont réalisée non pas sous la pression
d'une nécessité politique quelconque, mais poussés par
leur seul désir de vivre unis, et malgré les décisions
contraires de l'Europe et l'opposition du grand Empire
Russe. Qui ne voit cependant le danger que la reçon-
naissance d'une pareille doctrine fait courir à la souveraineté de la Porte sur les divers éléments ethniques de
la péninsule des Balkans !... Mais il est une autre théorie
qui a joué un rôle capital dans la formation de l'Europe moderne et qui, si elle ne présente plus pour les
nations Occidentales qu'un intérêt purement théorique,
existe encore à l'état de principe actif chez les peuples
de l'Europe Orientale. C'est la célèbre théorie des natio-

____

(1) P. Fiore. *Nouveau Droit International Public.* trad. C. Antoine,
T. I, n° 204.

nalités, théorie moderne puisqu'elle ne remonté pas au delà de notre siècle et qui a trouvé en Italie ses représentants les plus autorisés (1). D'après elle, les sujets du Droit International ne sont pas les Etats, mais les nations. Les Etats sont des créations humaines ; ils sont formés souvent par les intrigues de la diplomatie et ne sont que des sujets artificiels et arbitraires du droit. Au contraire, les nations, agrégats d'hommes réunis par des liens naturels, ayant des caractères et des aspirations communs forment les véritables personnalités du Droit International. Il en résulte que les populations possédant la même nationalité doivent nécessairement se constituer en Etat, et qu'un Etat n'est légitime qu'autant qu'il s'est constitué conformément à la nationalité des membres qui le composent.

Telle est la théorie. Si elle paraît simple lorsqu'on se borne à la formuler, elle devient singulièrement plus compliquée lorsqu'on passe à son application. Car si la nationalité doit être la base de la formation des Etats, il faut d'abord connaître ce qui constitue exactement une nation. C'est ici que les divergences se produisent entre les théoriciens. Les uns déclarent que la nation trouve sa raison d'être et son étendue dans les limites naturelles d'un territoire ; et l'on connaît la phrase attribuée à Napoléon Ier : « L'Europe ne sera tranquille

(1) Voyez notamment Mancini. *Della nationalita come fondamento del diritto della genti*, 1851.

« que lorsque les choses seront telles que chaque na-
« tion aura ses limites naturelles. »

D'autres pensent que la nationalité se déduit de
l'identité de race, car la race crée un lien d'affinité
naturel entre les hommes, engendre entre eux une
communauté de sentiments, de qualités physiques et
morales qui les pousse à se considérer comme faisant
partie d'une même famille. Pour d'autres, au contraire,
le caractère distinctif de la nationalité, c'est la communauté de langage qui révèle la communauté d'idées et
de sentiments, en même temps qu'elle est le signe d'un
même développement intellectuel et moral. Enfin
quelques auteurs signalent souvent comme un élément
essentiel de la nationalité, l'identité de culture, c'est-
à-dire, de religion, de mœurs, de coutumes et d'histoire.

En réalité, considéré isolément, chacun de ces pré-
tendus caractères distinctifs est insuffisant à constituer
une nationalité. L'existence de frontières naturelles a
souvent, il est vrai, facilité la formation d'une nation
en déterminant les caractères des peuples qu'elles en-
fermaient; mais l'histoire nous montre que le lien national, souvent le plus solide, est né spontanément
entre des populations séparées par des fleuves ou des
montagnes qui matériellement auraient formé entre elles une barrière infranchissable.

L'identité de race n'est qu'un élément indéterminé et
vague qu'il est souvent difficile de constater et qui perd

de plus en plus de sa valeur, à mesure que les individus par l'effet de la sociabilité humaine, se mêlent et se confondent. Qui ne sait que nombre de nations les plus unies sont composées d'hommes de races différentes, et qu'à l'inverse, le lien national n'a pu naître entre éléments de même race, comme Russes et Polonais qui vivent cependant depuis longtemps sous un même gouvernement.

Il faut en dire autant de la langue; elle est sans doute un élément important de la nationalité, mais non un élément décisif. Il nous suffira de citer la Suisse divisée au point de vue linguistique en trois groupes nettement tranchés et cependant si unie dans ses sentiments nationaux et son patriotisme. Enfin, l'identité de culture est un élément vague qui est bien plutôt une conséquence qu'un principe de la vie nationale et ne peut suffire à elle seule à créer la nationalité. C'est pourquoi un grand nombre de théoriciens admettent aujourd'hui que celle-ci résulte de la réunion de ces éléments et qu'une nation est un être moral formé par l'ensemble des habitants d'un même pays, ayant le même langage, la même origine, unis par la communauté de coutumes, d'intérêts et de sentiments.

En partant donc du principe des nationalités qui veut qu'une nation ainsi entendue ait seule le droit de constituer un Etat, peut-on blâmer l'œuvre du Congrès de Berlin ? La réponse n'est guère douteuse si l'on fait

abstraction des considérations pratiques qui ont motivé
la division en deux fractions des territoires bulgares.
D'après le recensement de 1881, le dernier avant la révolution de Philippopoli, la Principauté de Bulgarie était
peuplée de 2 007 919 habitants dont 1 404 309 Bulgares
orthodoxes et 578 000 musulmans. La Roumélie Orientale d'après le recensement de 1885, comptait 975 030 habitants dont 681 634 Bulgares chrétiens, 200 458 Turcs
ou Bulgares musulmans et 53 028 grecs. Les recen-
sements ultérieurs ne sont pas moins significatifs. Le
dernier, celui de 1893, a donné comme population
totale des deux Bulgaries, 3 309 816 habitants sur
lesquels on comptait 2 504 336 Bulgares; 569 728 Turcs,
60 018 Grecs, 51 754 tziganes, 3 620 Allemands et 1 379
Russes (1).

Ainsi les Bulgares constituent et de beaucoup l'élément le plus considérable de la population, ils ne re-
présentent pas moins de 67 % dans la Bulgarie du Nord
et 70 % dans la Bulgarie du Sud. Les Turcs n'y repré-
sentent que 26 % dans le Nord et 21 % dans le Sud,
tandis que l'élément grec répandu surtout dans les villes
et sur les côtes de la mer Noire ne figure que pour 1 %
de la population. Il n'est donc pas possible de contes-
ter que l'élément purement Slave domine au Nord
comme au Sud des Balkans ; cette communauté de race,
de langue et de religion l'a poussé dans la voie de

____

(1) Durastel. *Annuaire de la Bulgarie.*

l'union au mépris des traités et de la souveraineté de
la Porte.

Les chancelleries européennes ont cependant élevé
contre l'agrandissement de la principauté de Bulgarie
une autre objection : elles ont soutenu qu'il était illé-
gitime, parce qu'il donnait aux Bulgares la prééminence,
et rompait à leur profit l'équilibre politique dans les Balkans.

Incontestablement l'union des deux fractions de la
Bulgarie a réalisé dans la péninsule Balkanique la prédominance de l'élément slave, et la situation créée
par la révolution de Philippopoli ne pouvait manquer
d'éveiller les susceptibilités et de susciter les rivalités
des Etats auxquels cet accroissement de force pouvait
porter ombrage.

En Serbie, les événements de 1885 produisirent une
émotion qui se traduisit immédiatement par des préparatifs de guerre. En Grèce, l'opinion publique ne se montra pas moins émue et réclama du gouvernement des
mesures énergiques pour sauvegarder les droits et
les intérêts de l'hellénisme menacé (1). C'étaient là
incontestablement les manifestations du sentiment

(1) « Aujourd'hui, écrivait le ministre de France à Athènes dans
« sa dépêche du 29 septembre 1885, l'hellénisme est en présence
« non d'un avantage plus ou moins grand mais de l'accroissement
« des Bulgares qui menace toutes ses forces éparses en Orient et ses
« développements éventuels. En un mot, le sentiment général ici est
« que c'est une question de vie ou de mort qui se pose devant la
« race grecque. » *Livre Jaune. Affaires grecques*, 1885.

national qui porte les Etats Balkaniques à sauvegarder leurs intérêts respectifs en vue de l'éventualité du partage auquel donnerait lieu la chute de la domination turque en Europe. Les Serbes et les Grecs ne pouvaient en effet accueillir sans colère la nouvelle d'un événement qui accroissait la puissance de leurs rivaux et qui, en étendant les frontières bulgares jusqu'à la Macédoine devait faciliter d'autant la propagande bulgare dans cette province. Mais le préjudice qui en résultait pour eux créait-il à leur profit un droit susceptible de devenir un obstacle invincible à la reconnaissance de l'union des deux Bulgaries ? Tel est le terme auquel se ramène juridiquement la question bulgaro-rouméliote envisagée sous ce nouvel aspect.

C'est aussi bien sous cette forme que la question fut finalement présentée par les intéressés eux-mêmes. « Je « ne puis oublier, disait en Grèce, le président de la « Chambre des Députés, et le ministre n'oublie pas non « plus que le royaume hellénique a des devoirs envers « les hommes de sa race et qu'il ne peut négliger ces « devoirs s'il veut vivre (1). » Le gouvernement grec affirma en effet sa volonté de faire respecter, fût-ce par les armes, *les droits de l'hellénisme.*

De leur côté, les Serbes ne manquèrent pas de justifier leur intervention armée par cette raison « qu'un « agrandissement considérable de la Bulgarie sans

(1) *Messager d'Athènes,* du 12 au 25 octobre 1885.

« compensation correspondante au profit du territoire
« de la Serbie, mettait ce pays à même de devenir une
« menace permanente contre elle » ; que c'était pour
la Serbie une question primordiale de *maintenir l'équilibre dans les Balkans* et qu'il en résultait à son profit *le
droit* de s'opposer par la force au développement de ses
voisins (1). C'était affirmer aussi nettement que possible
la nécessité internationale d'un équilibre politique dans
les Balkans.

Selon cette manière de voir, le traité de Berlin aurait
créé *un équilibre stable* dans la péninsule balkanique et tout dérangement apporté à cet équilibre
par l'agrandissement territorial d'une des parties
donnerait ouverture à une réclamation en dédom-
magement au profit des autres (2).

A prendre cette thèse dans toute sa rigueur, l'union des
deux Bulgaries rencontrerait dans le droit violé des
autres nations balkaniques, l'obstacle le plus sérieux à
sa légitimité. Il importe donc de l'examiner avec attention dans son fondement.

L'idée d'un « équilibre entre les Etats » dont cette
thèse n'est qu'un aspect particulier, n'est pas de création
nouvelle. Elle prend sa source dans l'état de choses établi
par le traité de Westphalie en 1648. Les rapports plus

---

(1) Lettre du Consul de Serbie au *Standard* du 13 septembre
1885.

(2) Cf. Rolin-Jacquemyns, *Chronique de Droit International.* — *Revue
de Droit Int. et de Législ. Comp.* 1886.

fréquents qui s'établirent dès cette époque entre les grands États de l'Europe ne leur permettaient plus de rester indifférents à leurs développements respectifs. L'accroissement de puissance ou l'agrandissement territorial de l'un ne devait plus rester sans influence sur la situation des autres. De là, la nécessité pressante de reconnaître un principe qui permît de garantir l'indépendance respective des Etats, de sauvegarder leurs intérêts légitimes et leurs droits. C'est dans le traité d'Utrecht de 1713 qu'apparut pour la première fois le mot d'équilibre : « *ad formandam stabiliendamque pa-* « *cem ac tranquillitatem christiani orbis justo potentiæ* « *equilibrio.* » Mais, en réalité, l'idée d'assurer l'équilibre des forces existait avant de trouver ainsi sa consécration positive et on peut dire que toute la politique internationale des XVII° et XVIII° siècles fut consacrée au maintien de cet équilibre.

A l'heure actuelle, cette idée trouve encore faveur auprès d'un certain nombre de théoriciens qui considèrent la balance des forces comme la condition de la paix entre les Etats, et la théorie de l'équilibre comme un mode de sanction du Droit International.

Mais en vérité, il nous semble difficile de trouver dans les enseignements de l'histoire la justification d'une opinion aussi favorable. C'est au nom du principe de l'équilibre que les Etats les plus puissants ont prétendu justifier les violences les plus iniques, les usurpations les plus révoltantes et les violations du droit les plus flagrantes. L'idée de l'équilibre a conduit les Etats à la théorie des compensations si fréquemment appliquée au cours de notre siècle et en vertu de laquelle chacun s'autorise de l'agrandissement territorial de ses voisins pour réclamer aux dépens d'Etats plus faibles l'attribution de territoires depuis longtemps convoités. Cette idée ne pourrait logiquement contribuer à l'établissement d'un véritable droit international puisqu'elle permettrait de justifier les plus injustes attentats. Sans doute, elle se présente dans la forme comme un des aspects du droit de légitime défense des Etats contre les attaques imminentes dont ils peuvent être l'objet ; mais les auteurs même qui la considèrent comme bien fondée au point de vue rationnel et juridique en sont réduits à la formuler avec des réserves qui en altèrent singulièrement la portée. Ils observent avec raison les impossibilités auxquelles se heurte son application intégrale : impossibilité d'abord d'établir mathématiquement entre les Etats une répartition égale de puissance puisque les facteurs moraux de leur prospérité, tels que l'esprit d'initiative, l'intelligence des populations, leur patriotisme, leur humeur pacifique ou belliqueuse échappent nécessairement à toute commune mesure ; impossibilité surtout, si cet équilibre mathématique était enfin réalisé de le maintenir longtemps, puisqu'il serait fatalement rompu par l'activité persistante des uns et par l'indolence innée des autres. Finalement, on en est réduit dans la thèse de l'équilibre à subordonner la légitimité des résistances contre les accroissements de puissance d'un Etat, à la condition que ces accroissements constituent un danger sérieux pour ses voisins. Il est aisé de reconnaître ce qu'une pareille condition présente de vague et combien une thèse fondée sur des éléments aussi incertains est peu propre à fournir la base d'un véritable principe du Droit des Gens.

La vérité nous paraît être au contraire qu'un Etat a naturellement le droit de travailler sans cesse à l'accroissement de ses forces matérielles et morales, notamment de s'annexer des territoires, lorsque ces annexions ne sont point désavouées par les populations intéressées. Ces accroissements et ces acquisitions pacifiques ne sauraient donc en eux-mêmes engendrer au profit des autres Etats le principe d'un droit, susceptible d'altérer leur légitimité.

Les critiques que nous venons de formuler contre la théorie de l'équilibre trouvent leur application naturelle à la théorie plus restreinte d'un équilibre localisé dans les Balkans. On ne voit guère l'obstacle juridique et rationnel que l'union des deux Bulgaries rencontrerait, dans la prétendue nécessité de maintenir une égale répartition de forces parmi les Etats de la Péninsule. Il est au surplus permis de se demander si le texte du traité de Berlin et l'interprétation qu'en a donnée la politique internationale justifient la prétention de maintenir à tout prix un équilibre stable dans les Balkans.

Sans doute, l'attitude du plénipotentiaire Anglais au
Congrès de Berlin peut, dans une certaine mesure,
la justifier : Lord Salisbury disait en effet, en par-
lant de la Bosnie et de l'Herzégovine « dans le cas
« où il en tomberait une partie considérable entre les
« mains de l'une des principautés voisines, une chaîne
« d'Etats Slaves serait formée qui s'étendrait au travers
« de la presqu'île des Balkans et dont la force militaire
« menacerait les populations d'autres races occupant
« les territoires du Sud » et lord Beaconsfield ajoutait :
« n'est-il pas, en outre, de haute importance, lorsque
« les grandes puissances s'efforcent de faire justice à
« toutes les races, de prévenir dans ces contrées la
« prédominance d'une seule race ? » Mais il importe
aussi de remarquer que quelques années plus tard,
en 1885, lord Salisbury qui avait proposé au Congrès la
division en deux tronçons de la grande Bulgarie du
traité de San Stéfano, devait encourager le soulèvement
de Philippopoli et prêter ouvertement son concours au
mouvement bulgare. « La Grèce et la Serbie inaugurent
« cette doctrine qu'à moins que la Bulgarie ne soit ra-
« menée à sa situation primitive, elles exigeront qu'on
« adjoigne à leurs propres frontières une partie de
« l'Empire Turc. Cette doctrine est plus que toute autre
« de nature à empêcher la réalisation des espérances
« bulgares... Je suis fortement d'avis que *tout édifice*
« *élevé en contradiction flagrante avec les vœux des po-*
« *pulations* auxquelles il doit servir, ne saurait avoir

» une bien longue durée (1) ». Avec une telle vue des revendications nationalistes, on peut se demander ce qui reste de l'idée d'après laquelle le Congrès de Berlin aurait définitivement établi un équilibre durable dans la péninsule des Balkans, et de la prétendue nécessité de le maintenir.

Ce qui pouvait néanmoins nourrir la controverse à cet égard, c'est le groupement même des unités considérées en 1878 comme directement intéressées dans le règlement de la question d'Orient. N'était-ce pas pour maintenir un certain équilibre idéal entre les divers Etats balkaniques que le traité de Berlin avait scindé la Bulgarie en deux tronçons dont l'un soumis à la souveraineté immédiate de la Porte et qu'il avait donné à l'Autriche le mandat d'occuper la Bosnie et l'Herzégovine convoitées ouvertement par la Serbie? C'est la thèse qui a été soutenue par certains publicistes russes au lendemain de la crise rouméliote. Néanmoins il nous semble que la principale idée qui a inspiré les décisions du Congrès c'est moins la réalisation d'un équilibre chimérique allant précisément à l'encontre des vœux des populations et du principe même des nationalités, que le désir de conserver la Turquie dans l'intérêt d'un soi-disant équilibre européen, en conciliant avec cette nécessité d'ordre primordial les besoins et les vues des différentes races de la péninsule. S'il pouvait

(1) Discours de Lord Salisbury à Guildhall le 9 nov. 1885.

être question à propos de l'établissement de l'union bulgare d'un déplacement d'équilibre, la seule puissance qui ait eu justement raison de se plaindre, c'était l'Empire Ottoman.

CHAPITRE II

CARACTÈRES JURIDIQUES DE LA BULGARIE ACTUELLE

Dans un autre ordre d'idées une des questions le plus
controversées par les auteurs de Droit International qui
se sont occupés de la Bulgarie, est celle de savoir quelle
est exactement la situation juridique de la principauté
dans ses rapports, soit avec la Turquie, soit avec les
autres Etats. Est-il un Etat pleinement souverain, ou
bien seulement mi-souverain, et dans ce cas à quelle catégorie d'Etats mi-souverains appartient-elle? Telle est
la question que nous devons examiner, avant d'étudier la situation que crée, en droit, la réunion de la
Roumélie Orientale à la principauté de Bulgarie.

Pour pouvoir la résoudre avec méthode, il est nécessaire de bien présenter tout d'abord quels sont les attributs que doit réunir un Etat pour être qualifié de souverain, et quels sont ceux dont l'absence permet de le
classer parmi les Etats mi-souverains.

Les auteurs ne sont pas d'accord sur les caractères
dont la réunion constitue la souveraineté d'un Etat.

Les uns exigent la réunion de deux éléments : 1° un élément positif consistant dans le droit pour l'Etat de s'organiser et de se constituer à sa guise ; 2° un élément négatif consistant à être indépendant vis-à-vis des autres Etats. Telle est l'opinion de Vattel : « Toute « nation, dit-il, qui se gouverne elle-même, sous quelque « forme que ce soit, sans dépendance d'aucun étranger « est un *Etat souverain* » (1). C'est aussi la théorie de Bluntschli qui déclare que « la souveraineté d'un Etat « consiste dans l'indépendance de cet Etat vis-à-vis d'un « État étranger, et dans la liberté qu'il a d'arrêter et « d'exprimer par des actes sa volonté, sans qu'un autre « Etat ait le droit de s'y opposer » (2).

Pour d'autres auteurs moins scrupuleux, l'indépendance absolue à l'égard des autres Etats n'est point une condition essentielle de la souveraineté. Celle-ci réside uniquement dans le droit qui appartient à l'Etat de s'organiser librement à l'intérieur, sans y subir aucune intervention étrangère. « Le caractère essentiel de la « souveraineté, dit Pradié-Fodéré, c'est que l'Etat, dans « ce qui touche sa constitution et son gouvernement « civil n'ait, de droit, à recevoir des lois d'aucun étran- « ger » (3). Calvo formule ainsi sa théorie : « Le pouvoir

. (1) Vattel, *Droit des gens*, T. I, Cap. 1 § 4.

. (2) Bluntschli. *Le Droit Internat.* art. 64. Comp. Heffter. *Le Droit international de l'Europe.* Traduc. Bergson, § 18. — Klubër, *Le Droit des Gens Moderne de l'Europe*, 1878, § 21.

. (3) Pradier-Fodéré. *Notes sur le Droit des Gens de Vattel.* Liv. I. Chap. I. § 4.

« qui appartient à toute nation de déterminer sa manière
« d'être, de formuler ses conditions de droit, en un mot
« de constituer l'Etat et le gouvernement selon l'idée
« qu'elle représente ou le but humain qu'elle poursuit,
« forme ce qu'on a désigné par les termes de souverai-
« neté de la nation..... A nos yeux, le caractère essentiel
« de la souveraineté d'un Etat ne repose pas sur son plus
« ou moins de dépendance d'un autre Etat, mais bien
« sur la faculté qu'il a de se donner une constitution, de
« fixer ses lois, d'établir son gouvernement, etc., sans
« l'intervention d'aucune puissance étrangère (1). »

Sans vouloir entrer dans le détail d'une controverse
qui porte beaucoup plus sur les mots que sur le fond
des choses, il nous semble qu'on peut classer sous trois
chefs distincts les droits dont la réunion est nécessaire
dans l'Etat souverain : 1° le droit d'indépendance intérieure et extérieure ; 2° le droit de conservation ; 3° le
droit d'entrer en relations avec les autres Etats (2).

Le droit d'indépendance est celui qui appartient à
tout corps politique de déterminer librement sa manière d'être soit à l'intérieur, soit dans ses relations
avec les autres Etats. Envisagé à l'intérieur, ce droit

(1) Calvo. *Le Droit Internat. Théorique et Pratique*, t. I, Liv. II, § 41.
(2) Les auteurs donnent quelquefois des droits essentiels de la souveraineté une classification différente : par exemple, ils les divisent
en droit de propriété, droit de souveraineté, droit de conservation.
Mais toutes ces classifications aboutissent pratiquement aux mêmes
résultats.

prend le nom de souveraineté proprement dite et consiste en ce que la personne morale appelée Etat peut régler de sa seule autorité son organisation et ses rapports avec les individus qui le composent ; ce qui comprend la faculté de choisir la forme du gouvernement, de faire les lois qui doivent régir la nation, d'organiser les autorités chargées d'exécuter ces lois, en un mot de régler librement l'emploi des moyens les plus propres à atteindre le but que poursuit l'Etat. C'est en ce sens seulement que l'Etat est essentiellement souverain parce que sa volonté s'impose à la fois aux individus qui le composent et aux autres Etats.

Envisagé au point de vue extérieur, ce droit d'indépendance consiste pour l'Etat « à traiter par lui-même, et en son propre nom, avec les Etats étrangers, les questions de politique extérieure et de ne reconnaître pour la solution de ces questions qui l'intéressent directement aucun supérieur humain (1) ». Ce droit est désigné souvent par le nom de souveraineté extérieure, mais cette terminologie, quoique courante, nous paraît être vicieuse en ce qu'elle semble impliquer au profit de l'Etat souverain l'idée d'une prééminence qui n'existe pas entre les Etats. En réalité, l'indépendance extérieure résulte uniquement de cette idée que les Etats sont juridiquement égaux entre eux et peuvent traiter en toute liberté.

(1) Pradier-Fodéré. *Traité de Droit Internat.* T. I, § 135.

Le second droit essentiel des Etats souverains est le droit de conservation qui s'analyse par le pouvoir qui leur est reconnu d'entretenir une force armée, de fortifier leur territoire, de conclure des alliances offensives et défensives, s'ils jugent que leur sécurité extérieure le leur commande. Ce droit est dans le domaine du droit international l'analogue de ce que, dans le droit privé, le droit de légitime défense est pour chaque particulier. Enfin le troisième droit des Etats souverains est celui qui consiste à entretenir des relations avec les autres Etats, et qu'on désigne pratiquement sous le nom de *droit de légation*.

C'est en effet une constatation d'ordre naturel que les Etats pas plus que les individus ne peuvent demeurer isolés les uns des autres. Ils doivent nécessairement entrer en relations entre eux ; par conséquent tout Etat constitué doit normalement pouvoir exercer cette faculté qui devient ainsi une des prérogatives essentielles des personnes morales du Droit International. Tout Etat qui réunit les trois attributs généraux que nous venons d'énumérer est un Etat souverain, c'est-à-dire normal, car de même que pour les individus la capacité est la règle et l'incapacité l'exception, de même pour les Etats, la règle est la souveraineté et la mi-souveraineté l'exception. Métaphysiquement même, il ne devrait pas y avoir d'Etats mi-souverains : « Il « faut convenir, dit Heffter, que l'idée d'une mi-souve- « raineté est très vague et présente même une espèce de

« contre-sens, le mot de souveraineté excluant toute dé-
« pendance d'une puissance étrangère ; néanmoins,
« comme la souveraineté a une signification double :
« souveraineté extérieure par rapport aux puissances
« étrangères, souveraineté intérieure par rapport au ré-
« gime intérieur de l'Etat, il est permis de parler d'un
« Etat mi-souverain pour indiquer la nature bâtarde
« d'un corps politique soumis dans ses rapports exté-
« rieurs à une puissance supérieure (1). » Le droit public
moderne a dû, par conséquent, en se plaçant non au
point de vue théorique pur, mais en tenant compte des
faits, reconnaître l'existence d'Etats qu'on a appelés
mi-souverains et qui se caractérisent par la dépendance dans laquelle ils se trouvent vis-à-vis d'un autre
Etat pour l'exercice d'un ou de plusieurs des droits
essentiels de la souveraineté. Un certain nombre d'auteurs ont toutefois tenté d'en donner une définition
différente. « Ce sont, dit Calvo, des Etats qui manquent
de quelques-uns des droits essentiels de la souveraineté (2). » Et MM. Funck-Brentano et Sorel les défi-
nissent « ceux qui abandonnent à un autre Etat une
partie de leur souveraineté (3) ». D'après cette théorie,
ce qui caractériserait l'Etat mi-souverain, ce n'est pas
seulement le défaut d'exercice d'un ou plusieurs droits

(1) Heffter. *Le Droit Internat. de l'Europe*, § 19.
(2) Calvo, *Droit Internat.* t. I, § 64.
(3) Func Brentano Horel. *Précis du Droit des gens.*

essentiels des Etats, mais le défaut de jouissance même de ces droits, qui appartiendrait à la puissance suzeraine dont il dépend.

Nous croyons cette doctrine erronée et nous pensons que l'Etat mi-souverain, comme tout autre, est investi de tous les droits essentiels de la souveraineté ; seulement quant à leur exercice il est soumis à certaines restrictions qui consistent tantôt à n'exercer ces droits qu'avec l'approbation de la puissance suzeraine, tantôt à en confier complètement l'exercice à cette dernière (1). De même qu'en droit privé on ne saurait concevoir une personne dépouillée de ses droits naturels, de même en droit international on ne peut concevoir un Etat privé de ses droits essentiels ; car si ces droits lui faisaient défaut pour appartenir à un autre Etat, il cesserait d'exister pour être englobé par lui.

La situation des Etats mi-souverains est donc comparable à celle des incapables du droit privé qui ont la jouissance de tous leurs droits, mais qui pour leur exercice doivent être représentés ou assistés par certaines personnes. Cela est si vrai que lorsqu'un Etat suzerain exerce les droits d'un Etat mi-souverain, il agit en fait non pas en son propre nom, mais au nom et comme représentant de celui-ci, seul titulaire du droit. L'état de mi-souveraineté n'affecte donc que l'exercice et non la jouissance des droits de l'Etat.

(1) C'est la théorie professée par M. le Professeur L. Renault dans son *Cours de Droit Int. Public.*

Si l'on se demande quels sont les droits dont l'exercice est enlevé à l'Etat mi-souverain, on remarque que le plus souvent ce sont ceux qui se rattachent à la souveraineté extérieure ; c'est en effet à ce point de vue qu'un Etat a le plus d'intérêt à tenir un autre sous sa dépendance, et c'est ce caractère que beaucoup d'auteurs considèrent comme essentiellement distinctif de la mi-souveraineté. « La marque caractéristique d'un Etat mi-souverain consiste en ce que ses relations extérieures dépendent d'une puissance étrangère. En ce qui concerne son gouvernement intérieur, il est, la plupart du temps, entièrement autonome (1). » Toutefois les restrictions à l'indépendance d'un Etat peuvent porter et portent quelquefois sur sa souveraineté intérieure. L'autorité suzeraine s'immisce alors dans l'organisation intérieure de l'Etat dépendant, en se réservant une part plus ou moins grande dans le commandement des forces militaires, dans la nomination des hauts fonctionnaires, dans la gestion des finances. Très souvent d'ailleurs cette immixtion dans les droits de souveraineté intérieure est un moyen de garantir l'observation des clauses qui créent la dépendance au point de vue extérieur.

Ces principes posés nous pouvons aborder l'examen

____

(1) De Martens. *Traité de Droit International*. Trad. Léo. Chap. 2. § 60. Comp. Calvo. *Droit Int.* T. I, § 64. — Klüber, *Droit des Gens Moderne de l'Europe*, § 24.

de la situation de la Bulgarie en Droit International et
nous demander si elle doit être comptée au nombre des
Etats souverains ou des Etats mi-souverains. La question est assez délicate et en fait les auteurs la résolvent
diversement. Tandis que les uns, tels que Calvo (1), de
Martens (2), Heffter (3), Bluntschli (4), en font un Etat
mi-souverain, d'autres, comme Pradier-Fodéré (5),
Rolin-Jacquemyns (6) la rangent au nombre des Etats
souverains. Cette divergence d'opinions est facilement
explicable : il n'y a pas entre les Etats souverains et les
Etats mi-souverains de limitation nettement tranchée,
mais une série de situations variables, nées des circonstances politiques et des nécessités de la diplomatie. La
Bulgarie est dans une de ces situations intermédiaires
avec des caractères qui la rapprochent tantôt de l'un,
tantôt de l'autre des deux groupes. On a même conclu
qu'elle a « une nature indécise qui n'est ni la pleine
souveraineté, ni la mi-souveraineté véritable (7) ».

Nous croyons cependant que l'on doit ranger la Bulgarie parmi les Etats souverains. Reportons-nous en
effet au traité de Berlin qui est demeuré, même

(1) *Le Droit International*, t. I, 1 § 74.
(2) *Op. cit.* Tome I, Partie générale, chap. II, § 60. 2.
(3) *Op. cit.* § 19.
(4) *Le Droit International codifié*, art. 76, note 2.
(5) *Traité de Droit Internat.* tome I, § 905.
(6) *Revue de Droit Internat. Plublic et de Législation comparée.*
Année 1886, p. 518.
(7) Bry. *Précis de Droit International Public.*

depuis l'annexion de la Roumélie à la principauté, la grande charte de l'Etat bulgare, l'acte diplomatique où l'on doit chercher les éléments de sa situation internationale.

L'art. 1 de ce traité porte que la Bulgarie est placée « sous la souveraineté de S. M. I. le Sultan ». On s'est fondé sur ces mots pour soutenir qu'ils constituaient la principauté en état de dépendance vis-à-vis de la Porte, par conséquent en état de mi-souveraineté. Mais le terme de suzeraineté qui avait dans le droit féodal un sens juridique précis, n'est plus qu'un terme vague et sans grande portée lorsqu'il est employé dans un traité international moderne. Personne n'oserait prétendre que le traité de Berlin établit entre la Turquie et la principauté bulgare les relations qui existaient au Moyen-Age entre un suzerain et son vassal (1). Dès lors le terme de suzeraineté ne correspond plus à aucun lien de droit précis ; il n'est qu'une expression destinée comme les expressions analogues de vassalité, protectorat, qu'on

(1) Encore peut-on soutenir que, même en droit féodal, la suzeraineté du seigneur n'affectait pas la souveraineté de l'Etat vassal. C'était la théorie de Grotius : « Dans une Convention de cette nature il faut considérer deux choses : l'obligation personnelle et le droit à la chose. L'obligation personnelle subsiste, que le vassal possède à titre de fief soit la souveraineté, soit quelqu'autre chose située même autre part. Or, de même qu'une telle obligation n'a point pour effet d'enlever à un particulier sa liberté personnelle, de même elle n'enlève point à un roi, ni à un peuple le droit de souveraineté qui est la liberté politique. » Grotius, *De jure bellum. et pacis.* livre I, Chap. III, § 23).

rencontre souvent dans les traités, à révéler l'existence
d'un certain lien entre deux Etats sans préciser exactement la nature de ce lien. En d'autres termes, la dénomination qu'un traité donne à un Etat ne correspond
pas toujours à la situation réelle de cet Etat. La vraie
situation doit être cherchée non dans la qualification
qui lui est donnée mais dans le fond des conventions
qui le créént. C'est ainsi que l'ancien royaume de
Naples, que les différents Etats de l'Empire d'Allemagne
après la paix de Westphalie, portaient la dénomination
d'Etats vasseaux, et étaient cependant considérés comme
souverains, parce que l'hommage qu'ils devaient à la
puissance suzeraine les astreignait envers elle à des
devoirs purement honorifiques. Il ne faut donc pas s'arrêter à la qualification de suzerain donnée par le traité
de Berlin au Sultan peut-être uniquement pour ménager son amour-propre, et on doit chercher ailleurs la
véritable situation de la Bulgarie (1).

Une autre stipulation du traité de Berlin ne contribue
pas moins à alimenter la controverse. C'est celle qui
porte que « la Bulgarie est constituée en *principauté
tributaire* ». Le fait que la principauté doit un tribut
annuel à la Porte est-il suffisant pour la faire considérer

---

(1) Les mots « sous la suzeraineté de S. M. I. le Sultan » ne se
trouvaient pas d'ailleurs dans le traité de San Stéfano. Ils figuraient
pour la première fois dans le traité de Berlin sans qu'il soit possible de savoir à la demande de qui et dans quel but, ils y ont été
insérés.

comme mi-souverain ? Ici encore nous croyons que la discussion n'est pas possible. Sans doute l'obligation de payer un tribut diminue la dignité de l'Etat qui le doit ; elle est le plus souvent un signe de sa faiblesse (1). Mais ainsi que le dit Calvo, « le payement d'un tribut n'a aucune relation avec la souveraineté et ne peut y apporter de modification dans 'sa situation internationale (2) ». Il consiste simplement en une contribution annuelle, une véritable dette pécuniaire qui n'affecte en rien l'indépendance de l'Etat qui en est débiteur. Cela est si vrai que l'obligation au tribut peut être consentie par une puissance de premier ordre en vue uniquement d'éviter une guerre et de mettre un terme aux attaques et aux vexations dont sont victimes ses nationaux. C'est ainsi que durant plusieurs siècles et jusqu'en 1830, les puissances maritimes de l'Europe consentaient à payer tribut aux Etats barbaresques de la Méditerranée, pour que leurs ressortissants pussent faire librement le commerce sur les côtes d'Algérie, de Tunisie et de la Tripolitaine. Or, personne n'a jamais admis que ces puissances avaient perdu leur souveraineté au regard des Etats barbaresques de l'Afrique. Nous pou-

(1) Voir Vattel. *Droit des gens*, t. I, Chap. II, § 7.

(2) On ne pourrait d'ailleurs tirer d'analogie des conditions que la Porte imposa en 1862 à la Principauté de Monténégro, puisqu'elles concédaient au Sultan un droit de passage sur le territoire Monténégrin, et le droit de domaine éminent sur ce même territoire, *Droit Internat.* Calvo. t. I, § 43.

vons conclure par conséquent que le payement d'un tribut auquel est astreint la Bulgarie vis-à-vis de la Porte, ne suffit pas à porter atteinte à sa souveraineté (1).

Reste enfin une dernière clause du traité de Berlin qui paraît à première vue affecter l'indépendance de la principauté. C'est l'art. 3 aux termes duquel « le prince de Bulgarie sera librement élu par la population et *confirmé par la Sublime Porte avec l'assentiment des puissances.* » Cette sorte d'immixtion du gouvernement ottoman et des puissances signataires du traité, dans l'élection du chef de l'Etat, semble porter une visible atteinte à la souveraineté intérieure de la Bulgarie, cependant il faut remarquer qu'à ce point de vue la Bulgarie n'est pas soumise au seul contrôle de la Porte, comme autrefois, les principautés de Moldavie et de Valachie, dont les princes recevaient leur investiture du Sultan seul. Elle est soumise au contrôle des grandes puissances européennes, et si l'on cherche dans quel but ce contrôle a été institué, il est facile de voir qu'il ne procède pas du désir de restreindre l'indépendance de la Bulgarie, mais au contraire de la garantir contre les entreprises d'une politique envahissante. La suite

____

(1) Il est à remarquer d'ailleurs qu'en fait la Bulgarie n'a jamais payé son tribut pas plus que la part proportionnelle de la dette ottomane que mettait à sa charge le traité de Berlin. Elle ne pouvait d'ailleurs y être juridiquement tenue, puisque les puissances signataires, à qui incombait le soin de déterminer le montant de ces obligations pécuniaires, avaient toujours négligé de le faire.

de l'art. 3 porte en effet : « aucun membre des dynasties régnantes des grandes puissances européennes ne pourra être élu prince de Bulgarie », clause principalement dirigée contre la Russie et par laquelle on a voulu empêcher qu'une puissance en faisant élire un chef ou un membre de sa dynastie régnante parvint à mettre la main sur la Bulgarie au moyen d'une union personnelle, pour aboutir ensuite à une annexion complète. La première partie de l'article 3 n'a pas d'autre but que de permettre à l'Europe de veiller à ce que cette dernière clause ne soit pas violée ; et comme celle-ci en excluant de la candidature au trône de la principauté les membres des dynasties régnantes, ne gêne pas sensiblement le choix des Bulgares, qu'elle a au contraire pour but de sauvegarder leur indépendance, il faut en conclure qu'elle ne constitue pas une entrave à la souveraineté de la Bulgarie.

Telles sont les seules restrictions que le traité de Berlin apporte à l'indépendance de la principauté qu'il organise. A tous les autres points de vue, on peut soutenir que cette indépendance est complète.

En ce qui concerne spécialement la souveraineté intérieure, l'article 4 du traité de Berlin confie à une Assemblée bulgare le soin de voter la constitution du pays, sans lui imposer d'autres conditions que le respect des principes du Droit Public moderne énumérés dans l'article 5. Cette disposition qui est une simple application des idées libérales du siècle, ne peut être in-

voquée non plus comme une restriction à la souveraineté de la Bulgarie. Le traité de Berlin la reproduisait
textuellement dans les articles relatifs à l'organisation
de la principauté de Monténégro (art. 27) et des royaumes
de Serbie (art. 35) et de Rouménie (art. 44) dont personne aujourd'hui parmi les publicistes et les auteurs
de Droit International, ne conteste la qualité d'États
souverains.

Conformément à l'article 4, l'Assemblée nationale
bulgare, en présence et avec l'assentiment des délégués des grandes puissances, a voté le 17-29 avril 1879,
une Constitution (revisée le 15-27 mai 1893) d'après laquelle le prince de Bulgarie est chef du pouvoir exécutif ; la justice est rendue en son nom et il exerce le
pouvoir législatif concurremment avec la représentation
populaire. En un mot, d'après le traité de Berlin et sa
constitution, la principauté de Bulgarie possède dans sa
plénitude les pouvoirs législatif, exécutif et judiciaire,
c'est-à-dire tous les attributs de la souveraineté intérieure, sans aucune dépendance vis-à-vis d'un autre
Etat.

Il est vrai que le débat sur la situation internationale
de la Bulgarie pourrait être soulevé en théorie au point
de vue du droit de conservation. Mais, sur ce point encore, nous avons un texte précis, l'article 11 du traité
de Berlin qui dit que l'armée Ottomane *ne séjournera
plus en Bulgarie*. Il en résulte que la Principauté ne
dépendant plus de la Porte en ce qui intéresse la dé-

fense de son territoire, doit y pourvoir elle-même au moyen d'une armée nationale. Nous croyons qu'on ne peut, non plus lui refuser le droit de conclure des traités d'alliance offensive et défensive et de faire la guerre. Ce droit ne peut plus lui être contesté après le conflit qui en 1885 l'a mise aux prises avec le royaume de Serbie. A cette époque cependant, ce point avait soulevé quelques doutes et le gouvernement bulgare, lui-même, pour reculer l'ouverture des hostilités et se donner le temps de s'y préparer, avait soutenu que le gouvernement serbe devait préalablement mettre en cause la Turquie, puissance suzeraine de la Bulgarie (1). La Porte convaincue, comme les plénipotentiaires réunis à la Conférence de Constantinople, que la subite entrée en scène de la Serbie donnerait une solution favorable à la crise rouméliote, se garda bien d'intervenir. Mais ne reconnaissait-elle pas ainsi à la principauté le droit de faire la guerre ? C'est ce qui nous semble difficilement contestable. — D'ailleurs si, dans la suite, le Divan est intervenu comme partie contractante

(1) Le 16 novembre, M. Tzanoff, ministre des affaires étrangères de Bulgarie, adressait à la Porte un télégramme ainsi conçu : « Les « envahisseurs, profitant de ce que la Bulgarie en raison de son état « de vasselage, n'avait pas le droit de déclarer la guerre à ses voisins « et par conséquent se trouvait dépourvue de tous moyens offensifs, « sont arrivés presqu'aux portes de Sofia..... Je prie Votre Ex-« cellence de m'honorer d'une réponse, car, d'après l'art. 3 du traité « de Berlin, le gouvernement princier se trouve dans l'impossibilité « de traiter directement avec l'ennemi. »

dans la conclusion de la paix, c'est bien abusivement qu'il l'a fait, puisqu'en laissant son vassal seul vis-à-vis de l'ennemi, il s'était interdit la faculté d'invoquer ses droits de suzeraineté. La signature du plénipotentiaire Ottoman apposée au bas du traité de paix de Bucharest peut être considérée comme de pure forme, et n'a pu, quant au droit de guerre, modifier la situation juridique de la Principauté.

Enfin au point de vue des relations extérieures, il n'est pas douteux que la Bulgarie jouit du droit de légation actif et passif. Elle a des représentants dans les principaux pays avec lesquels elle entretient des relations politiques ; et les puissances étrangères ont accrédité auprès d'elle des agents diplomatiques, consuls généraux, consuls et agents consulaires (1).

(1) Il est regrettable que certaines conventions conclues par la Bulgarie ne s'expriment pas avec toute la netteté désirable. Ainsi, le 9-21 décembre 1896, elle a signé une Convention de commerce avec l'Autriche Hongrie (*Archiv. diplomatiq.* 1897, t. LXII, p. 51. L'art. 14 porte : « la Bulgarie aura le droit de nommer des *agents commerciaux* dans toutes les places autrichiennes et hongroises qui ont une importance pour son commerce. Le droit de nommer des *fonctionnaires consulaires* en Bulgarie exercé jusqu'à présent par l'Autriche-Hongrie, reste maintenu ». Il est certain que la Bulgarie a signé ce traité comme puissance souveraine ; mais pourquoi employer l'expression vague *d'agents commerciaux* et ne pas se réserver franchement le droit de nommer des consuls, alors surtout que la Convention reconnaît formellement à l'Autriche-Hongrie le droit d'en nommer dans toutes les villes bulgares ? Il semble que l'on ait voulu par là éviter de froisser les susceptibilités de la Porte en laissant indécis dans la forme le point de savoir si la Bulgarie a ou non le

En résumé, la Bulgarie possède tous les attributs essentiels de la souveraineté ; pour que celle-ci soit restreinte il faudrait qu'elle le soit formellement et nous avons vu que les restrictions que le traité de Berlin paraît lui apporter sont de pure forme et ne l'affectent pas sérieusement. Il nous sera permis de conclure par la seule constatation théorique et en faisant réserve des légitimes appréhensions de la Turquie, que la Principauté de Bulgarie tend aujourd'hui à acquérir dans la péninsule Balkanique une situation qui n'est pas sensiblement différente de celle de la Serbie et qu'il dépend de la fermeté de la Porte de la retenir dans la voie de l'indépendance complète où la dirigent visiblement ses gouvernants, principalement après le coup de main de 1885.

La seconde question qu'il nous reste maintenant à envisager est la nature du lien qui rattache aujourd'hui l'ancienne province autonome de Roumélie Orientale à la Bulgarie. Peut-on soutenir que c'est une simple union personnelle ou bien doit-on admettre qu'elle dépasse les caractères de l'union réelle pour présenter l'aspect d'une unification complète.

L'union personnelle en rassemblant deux fractions

---

droit de représentation consulaire. Il serait très désirable que l'on renonçât définitivement à l'emploi de formules bizarres qui jettent la confusion dans l'esprit, et que les traités devinssent enfin l'expression juridique précise d'un état de fait qui n'est plus contesté par personne.

de territoire sous la puissance d'un même prince, n'entraîne pas la confusion de la personnalité internationale des deux Etats et laisse leurs intérêts complètement distincts. Chacun d'eux conserve son organisation, sa législation propre, sa représentation diplomatique, et n'a de commun que la personne du souverain. On peut citer comme exemple de cette union dans les temps modernes, le lien qui rattache l'Etat indépendant du Congo au royaume de Belgique depuis 1885.

L'union réelle au contraire rassemble deux ou plusieurs Etats sous la puissance d'un même souverain, mais d'une manière permanente, et donne aux Etats réunis une personnalité unique au point de vue de la souveraineté extérieure. Dans le domaine de la souveraineté intérieure, chaque Etat conserve ses lois et ses institutions propres, et constitue autant d'unités distinctes d'un même tout. Telle est la situation de la Suède et de la Norwège depuis 1815, et de l'Empire Austro-Hongrois depuis 1867.

A laquelle de ces catégories d'Etats peut-on classer la principauté bulgare depuis que les événements de 1885 ont bouleversé l'ordre de choses établi par le Congrès de 1878? Si l'on s'en tient uniquement au point de vue du droit pur, il n'y a pas de doute possible que la province de Roumélie Orientale et la principauté de Bulgarie proprement dite sont en état d'union purement personnelle. C'est ce qui résulte expressément de l'arrangement signé par les représentants des grandes puissances et de la Turquie, le 5 avril 1886.

Aux termes de l'article 1 de cet arrangement : « Le gouvernement général de la Roumélie Orientale est confié au prince de Bulgarie conformément à l'art. 13 du traité de Berlin ». Après avoir dit, dans son article 3, qu'une commission nommée par la Porte et par le prince de Bulgarie sera chargée de modifier le Statut Organique selon les exigences de la situation et les besoins locaux, la Convention ajoute : « Toutes les autres dispositions du traité de Berlin, relatives à la principauté de Bulgarie et à la Roumélie Orientale, sont et demeurent maintenues et exécutoires (art. 4). » Ainsi donc, d'après cet arrangement, l'Europe est d'accord pour maintenir la situation créée à la Roumélie Orientale par le traité de Berlin. Cette province autonome fait toujours partie intégrante de l'Empire Ottoman et continue à être régie par le Statut Organique. La seule modification apportée à cet état de choses, est la nomination du Prince de Bulgarie comme gouverneur de Roumélie. La province autonome et la principauté conservent chacune leur situation juridique et n'ont de commun entre elles que la personne placée à la tête du pouvoir exécutif. C'est bien là le caractère de l'union personnelle.

Depuis 1886, le point de vue théorique n'a pas changé. Le 2 février 1896, le Sultan rendait un *Firman* chargeant le prince Ferdinand de l'administration de la Roumélie Orientale en qualité de gouverneur ; et il avait

bien soin de faire remarquer que la province fait toujours partie de l'Empire Ottoman. « Le mode d'arrange-
« ment dressé au sujet de la province de Roumélie
« Orientale approuvé et confirmé à la conférence com-
« posée des représentant des Etats qui ont signé le
« traité de Berlin, exige de confier au prince de Bul-
« garie les fonctions de gouverneur général (Vali) de la
« province de Roumélie Orientale, *qui fait toujours*
« *partie intégrante de mon Empire* ».

Mais, ici encore, le droit se trouve en complet désaccord avec le fait, et il faut bien le reconnaître, que
par l'effet du temps qui l'efface, par le silence des intéressés qui la consacrent implicitement, cette violation
systématique du droit, perd peu à peu son caractère révolutionnaire et transforme une situation anormale en
situation parfaitement légitime.

Le 14 février 1886, le prince Alexandre a proclamé à
la face de l'Europe la fusion en un seul Etat des deux
fractions de la Bulgarie. L'Europe n'a pas protesté.
Depuis ce jour, l'union n'a fait que s'accentuer, et la
Roumélie Orientale a entièrement perdu sa personnalité distincte ; en dehors du souverain commun, il n'y
a plus qu'une seule Assemblée législative siégant à
Sofia, et un seul gouvernement dont l'autorité s'étend
sur les deux versants des Balkans. Tout a été unifié,
l'armée, la justice, l'administration et l'ancien Statut
Organique est passé au rang de document historique. Il
ne reste plus à Philippopoli aucune trace de la souve-

raineté ottomane et en présence d'une fusion aussi complète, on peut être tenté de se demander que peuvent faire les vaines formules des *Firmans* qui déclarent encore, malgré la brutalité des faits, que la Roumélie Orientale fait partie intégrante de l'Empire Ottoman.

CHAPITRE III

SOLUTION DES PRINCIPALES QUESTIONS NÉES DE L'UNION
DE LA BULGARIE ET DE LA ROUMÉLIE

§ I. — *Situation du prince Ferdinand au point de vue
international.*

La détermination du caractère et de la légitimité du
gouvernement que le prince Ferdinand exerce comme
chef du nouvel Etat bulgare présente une complexité
particulière qu'on aurait mauvaise grâce à nier. Cette
complexité résulte d'abord du double point de vue sous
lequel ce gouvernement peut être envisagé. « La question du chef de l'Etat bulgare, disait avec raison
M. Stoïloff, est une question à deux faces : la face du
droit national, et celle du droit international » (1). A
vrai dire, cette première remarque n'est point de nature à embarrasser longuement nos explications, l'ordre

____

(1) Discours à la Sobranié du 5 novembre 1894. *Archives diplomatiq*. 1894. t. LII.

d'idées dans lequel est conçue cette étude nous permettant de n'envisager la situation du prince Ferdinand au point de vue national que dans la mesure où il est permis d'en tirer une conséquence au point de vue du droit international. Sous ce dernier aspect cependant, les questions que soulève le gouvernement du prince se compliquent de la situation particulière de l'Etat sur lequel il s'exerce. En général, le doute sur la légitimité d'un gouvernement, comme organe régulier des relations internationales, n'implique aucun doute sur l'existence de l'Etat qu'il entend représenter. Tout au contraire, la reconnaissance de la situation que le prince Ferdinand occupe en Bulgarie et en Roumélie n'est pas sans relation avec la reconnaissance même de l'Etat bulgare tel qu'il est résulté des événements insurrectionnels de 1885. Cette situation envisagée au regard de la Turquie et des autres puissances n'est pas d'ailleurs dans la réalité des choses ce qu'elle semble être en apparence.

Nous avons indiqué dans quelles circonstances le prince Alexandre avait pris, le lendemain de la révolution de Philippopoli, le titre de souverain de la Bulgarie du Nord et du Sud en violation du traité de Berlin et comment les représentants des puissances signataires avaient essayé de mettre pour l'avenir le fait accompli en harmonie apparente avec le texte de ce traité. L'Accord du 5 avril 1886, intervenu à la suite de la Convention turco-bulgare, confiait le gouvernement général de la Roumélie Orientale non pas au prince Alexandre personnellement, mais d'une façon en quelque sorte impersonnelle « au prince de Bulgarie » (1).

Par une suite naturelle de cet accord, l'élection du 7 juillet 1887, eut pour résultat effectif de donner au prince Ferdinand le gouvernement de la principauté conjointement avec le gouvernement général de la Roumélie Orientale. De là le point de départ d'une consolidation toujours plus marquée de l'union bulgaro-rouméliote par une confusion sans cesse aggravée des pouvoirs de chef d'Etat et des fonctions de gouverneur.

Cette confusion, sanctionnée à nouveau par les élections à la Sobranié en 1888, n'a cessé depuis de trouver dans la volonté du peuple bulgare la plus formelle approbation, et cette approbation même crée au prince Ferdinand *vis-à-vis de la nation bulgare* une situation sur la légitimité de laquelle le doute paraît difficile. S'il est vrai « qu'en morale et en justice, le consente- « ment libre des peuples est la base légitime et raison- « nable des gouvernements et que la légitimité con- « siste dans la volonté persévérante de la nation », (2) jamais gouvernement ne fut mieux assis que celui du prince Ferdinand. Aux yeux de son peuple il est vrai-

----

(1) La Russie avait formellement subordonné à cette condition son adhésion à l'Arrangement turco-bulgare, V. à cet égard le télégramme de M. de Freycinet, ministre des aff. étrang., du 18 février 1886. *Archives diplomatiq*. 1886. t. XX, p. 48·

(2) Pradier-Foderé. *Traité des Droits Int. Public*, t. I, n° 305.

ment le chef et le représentant incontesté de la nationalité Bulgare.

Les choses né vont pas nécessairement de même au point de vue international et au regard tant de la Turquie que des autres puissances. En 1887 le prince Ferdinand n'avait attendu ni la confirmation de la Porte ni l'assentiment des puissances pour accepter le trône qui lui était offert, et il s'était moins encore inquiété d'obtenir une approbation pour accentuer l'union bulgaro-rouméliote en établissant une confusion complète entre le gouvernement de la Bulgarie et celui de la Roumélie Orientale. Les Cabinets européens, tout en blâmant cette violation du traité de Berlin, ne devaient point tarder à entrer en relations officielles avec le gouvernement princier. Nous avons vu que seul le Cabinet de Saint-Pétersbourg lui resta très longtemps opposé. Les raisons officielles qu'il donnait de son hostilité étaient de deux ordres : il objectait d'une part la composition irrégulière de l'Assemblée de 1887 qui comprenait des députés rouméliotes au mépris des dispositions qui réglaient la constitution de la principauté ; d'autre part, l'irrégularité même des élections d'où était issue cette Assemblée. Ni l'un ni l'autre de ces arguments ne pouvaient justifier visiblement le refus obstiné que la Russie opposait à la reconnaissance du prince Ferdinand. En effet, ce dernier n'ayant pas en réalité de concurrent, le résultat de l'élection ne pouvait être mis en doute, et cette certitude rendait oiseuse la question de savoir si la présence de députés rouméliotes dans l'Assemblée pouvait être considérée comme viciant sa composition. Quant à la seconde objection, il demeurait à tout le moins bien délicat d'apprécier si, dans un pays comme la péninsule balkanique, les élections d'où était sortie l'Assemblée nationale avaient été entièrement libres.

En réalité, le prince Ferdinand était bien en droit l'élu de la nation (1), et les objections de la diplomatie russe n'étaient basées que sur la déception amère qu'elle avait encourue dans la politique de ce jeune peuple qu'elle a constamment travaillé à gagner à la cause du panslavisme.

A l'heure actuelle et depuis le 14 février 1896, cette reconnaissance est un fait accompli ; la confirmation de l'héritier du trône d'après le rite de l'Eglise Orthodoxe et la présence du délégué du tzar, le comte Koutousow à cette cérémonie, ont définitivement consacré la reprise des relations entre la Russie et la nouvelle Bulgarie telle qu'elle est issue de la révolution de Philippopoli. Désormais la Russie comme les autres puissances signataires du traité de Berlin, comme la Serbie et la Grèce elles-mêmes qui s'étaient posées en champions de

---

(1) Les élections auxquelles il fut procédé en 1888, pour la Sabranié fournissaient encore la preuve la plus éclatante que le sentiment populaire était unanimement favorable au Prince qui régnait en fait sur la Bulgarie. Voir à cet égard *Archiv. Diplomatiq.* t. XXX, p. 22-117.

l'équilibre dans la péninsule Balkanique, ont des agents diplomatiques et consulaires à Sophia.

Ce sont là des faits dont il est impossible de méconnaître la portée au point de vue juridique. Le Droit des Gens européen considère en effet la réception ou l'envoi d'agents diplomatiques comme des actes de reconnaissance du Gouvernement dont on les reçoit ou auprès duquel on les accrédite. Les relations officielles désormais établies entre les puissances européennes et le gouvernement du prince Ferdinand implique la reconnaissance formelle de ce dernier comme souverain des deux Bulgaries.

En ce qui touche particulièrement la souveraineté sur la Bulgarie du Nord, il ne peut y avoir de doute possible aujourd'hui sur la portée et l'étendue d'une telle reconnaissance. La légitimité du gouvernement restait soumise d'après le traité de Berlin à la réunion de trois conditions : le libre choix du peuple bulgare, l'assentiment des puissances signataires, et la confirmation par la Sublime Porte (1). L'élection de 1887 réalisant incontestablement la première et la principale de ces trois conditions, l'attitude définitivement prise par les puissances au regard de l'élu du peuple bulgare ne pourrait être in-

____

(1) L'art. 3 du traité de Berlin exigeait en outre que le prince élu ne fut membre d'aucune des dynasties régnantes de l'Europe ; mais cette condition certainement réalisée par l'élection du Prince Ferdinand reste par là même indifférente à la question étudiée dans le présent chapitre

terprétée comme la reconnaissance d'un simple gouvernement de fait. La Turquie, il est vrai, n'avait pas préalablement confirmé l'élection de 1887 ; mais son attitude
indiquait assez qu'elle était prête à accepter la décision
des puissances intéressées ; et le défaut de confirmation
préalable de sa part n'atténuait que dans une mesure
assez faible la portée de la conduite tenue par les autres
Etats. Au surplus, le baptême du prince Boris, et la réconciliation qui s'en est suivie entre la Russie et la Bulgarie ont déterminé le Sultan à reconnaître officiellement le prince Ferdinand par *Firman* en date du
24 mars 1896. L'état de fait qui existait depuis neuf ans
se transformait de la sorte en une véritable situation de
droit dont il n'est plus possible aujourd'hui de nier la
légitimité. Conformément d'ailleurs à l'accord international de 1878, la Sublime Porte a formellement réservé
dans le *Firman* d'investiture ses droits de suzeraineté
sur la principauté de Bulgarie, que le prince Ferdinand
lui-même a reconnus dans le discours du trône par
lequel il notifiait à la Sobranié « *les mémorables événements* » du mois de février 1896 (2).

Cependant si la situation du prince Ferdinand au regard de la Bulgarie ne peut plus, en l'état, donner lieu
à controverse, il n'en va pas de même en ce qui touche

---

(1) « Grâce à la haute bienveillance de S. M. I. le Sultan, *notre*
« *Suzerain*, disait-il aux députés, la situation indépendante de la
« Bulgarie au point de vue in'ernational est en voie d'être réglée. »
(Discours du trône du 4-16 février 1896).

le gouvernement de la Roumélie Orientale. Ici se rencontre cette opposition flagrante entre l'apparence et la légalité à laquelle nous faisions précédemment allusion. En fait, le prince Ferdinand n'a jamais cessé d'administrer et de gouverner cette province comme si elle rentrait dans les limites de sa principauté. C'est ainsi notamment que l'armée de la principauté et la milice rouméliote ne forment qu'un seul corps ayant à sa tête un même ministre de la guerre. Pareillement, les lois judiciaires de la Bulgarie sont appliquées dans la Roumélie Orientale cenformément à un décret rendu par le prince Alexandre (1). Dans tous les actes de l'existence politique, le gouvernement de la Roumélie Orientale se trouve aujourd'hui confondu avec celui de la Bulgarie, et il faut bien reconnaître que l'approbation implicitement donnée à cette confusion par les puissances a singulièrement altéré dans la personne du prince le titre de gouverneur que l'Arrangement turco-bulgare et l'Accord international du 5 avril 1886 avaient voulu en quelque sorte sauver de l'oubli.

Mais puisque cette dénomination a été conservée dans les conventions qui ont modifié la situation de la Roumélie Orientale telle qu'elle résultait du traité de Berlin, il importe de déterminer dans quelles conditions le prince Ferdinand s'en trouve investi. Aux termes de

______

(1) V. à cet égard le télégramme du Consul de France à Sofia au ministre des affaires étrangères en date du 6 janv. 1886. — *Archiv. Diplomatiq.*, 1886. T. XIX, p. 267.

l'arrangement de 1886, les pouvoirs du prince de Bulgarie comme gouverneur devaient être renouvelés par la Porte tous les 5 ans. Il y était dit expressément que le gouvernement général de la Roumélie était confié au prince de Bulgarie, « conformément à l'art. 17 du traité de Berlin » dont toutes les autres dispositions relatives à la principauté et à la Roumélie Orientale étaient déclarées maintenues et exécutoires. La Convention resta lettre morte sur ce point. A l'expiration du premier délai de cinq ans, la Sublime Porte ne procéda pas au renouvellement des pouvoirs, qu'elle avait d'ailleurs considéré, à la suite de l'arrangement turco-bulgare, comme ne devant être qu'une simple formalité (1); et devant l'inertie du principal intéressé, les Cabinets des puissances signataires ne soulevèrent aucune protestation à cette dérogation au droit établi.

En 1896 seulement, le même jour où il reconnaissait le prince Ferdinand de Saxe-Cobourg, comme prince de Bulgarie, le Sultan par un *Firman* distinct, confirmait aussi dans sa personne la qualité de gouverneur général de la Roumélie Orientale; mais il est à remarquer que l'acte qui lui reconnaît ce titre et que nous donnons en appendice, ne limite à aucune durée les pouvoirs y afférents et ne fait plus réserve à la Porte des droits que lui confère l'art. 17 du traité de Berlin.

(1) Voir le télégramme du chargé d'affaires de France à Constantinople en date du 13 février 1886. — *Archives Diplomatiq.* 1886, t. XX, p. 41.

Il en résulte que le gouvernement ottoman a renoncé par là expressément à exiger le renouvellement périodique des pouvoirs conférés au prince Ferdinand et que le titre connexe de gouverneur de la Roumélie reconnu à ce dernier est devenu viager dans sa personne, de temporaire qu'il était jusque-là. Nous ne voyons même pas quelle protestation les puissances pourraient aujourd'hui élever contre cette sorte de novation ; en 1886, déjà elles s'étaient montrées disposées à accorder à la Porte une véritable délégation pour renouveler les pouvoirs de gouverneur dans la personne du prince de Bulgarie sans recourir chaque fois à leur intervention (1); l'attitude qu'elles ont conservée en présence du *Firman* de 1896 implique à notre sens une approbation tacite du nouvel ordre de choses consenti par le Sultan et marque en réalité la dernière étape de l'évolution qui conduira nécessairement à la reconnaissance formelle du prince Ferdinand et de sa dynastie, comme véritable souverain des deux Bulgaries unies.

(1) V. Télégramme du ministre des affaires étrang. de France, en date du 18 février 1886. (*Archiv. Diplomatiq.* 1886, t. XX, p. 48).

§ II. — *Tribut de Bulgarie. — Part contributive de la Bulgarie à la Dette Publique Ottomane. — Redevance de la Roumélie Orientale.*

Le Congrès de Berlin en accordant aux Bulgares du Nord une indépendance politique complète, aux Rouméliotes la plus large autonomie administrative, avait entendu cependant ne pas les affranchir entièrement au point de vue financier. Sur l'avis du premier plénipotentiaire ottoman, Caratheodory pacha, il fut inséré dans le traité qu'une double obligation incomberait à la nouvelle principauté : 1° Obligation de contribuer aux charges antérieures de la dette ottomane (1); 2° obligation de payer à la Porte un tribut annuel. Quant à la province privilégiée de la Roumélie Orientale, qui demeurait partie intégrante de la Turquie, elle ne pouvait à ce titre être tenue d'une part distincte de la dette ottomane, mais il était entendu, bien que le traité ne le dît pas, qu'elle contribuerait aux charges de l'Empire, au moyen d'une redevance annuelle. Ces relations financières entre la Porte d'une part, la Principauté et la Province privilégiée de l'autre, devaient donner

(1) Le principe de la participation à la dette publique était également consacré pour la Grèce, la Serbie et le Monténégro en proportion des accroissements territoriaux que ces Etats obtenaient (Voy. Séances du 26, 28 juin et 1er juillet 1878). et Holland. *The European Concert in the Eastern Question.*

lieu dans la suite à des difficultés nombreuses sur lesquelles quelques explications sont nécessaires.

A) *Tribut de Bulgarie et Part contributive de la principauté à la dette ottomane.* — Sur ces deux points, le traité de Berlin se bornait à poser les principes. L'art. 9. portait que « le montant du tribut annuel que la Princi-
« pauté de Bulgarie paiera à la cour suzeraine, en le ver-
« sant à la banque que la Sublime Porte désignera ulté-
« rieurement, sera déterminé par un accord entre les
« puissances signataires du présent traité, à la fin de la
« première année du fonctionnement de la nouvelle or-
« ganisation. Ce tribut sera établi sur le revenu moyen
« du territoire de la principauté. — La Bulgarie devant
« supporter une part de la dette publique de l'Empire,
« lorsque les puissances détermineront le tribut, elles
« prendront en considération la partie de cette dette
« que pourrait être attribuée à la principauté sur la base
« d'une équitable proportion ». Le Congrès reconnaissait ainsi que la question du tribut dépendait de la quotité des obligations de la Bulgarie relativement à la dette publique ; il y avait là deux questions connexes rentrant dans les attributions de la future commission chargée de régler les détails non compris dans la tâche assignée au Congrès.

Les puissances signataires du traité, pas plus d'ailleurs que la Turquie la plus directement intéressée dans la question, ne prirent soin de faire respecter les stipulations de l'art. 9. En 1881, ni le montant du tribut, ni la part contributive de la Bulgarie à la dette ottomane n'avaient encore été fixés. Ce n'est qu'à la fin de cette même année que la question fut soulevée à propos de l'arrangement intervenu entre la Porte et les détenteurs de titres ottomans. Par décret du 20 Décembre 1881, le gouvernement turc déléguait à ses créanciers, à titre de garantie, les créances qu'il avait contre la Bulgarie, comprenant le tribut de la principauté et sa part contributive à la dette ottomane (1). Il déclarait, en outre, que tant que le tribut bulgare n'aurait pas été fixé, il serait remplacé par une somme annuelle à prélever sur la dîme des tabacs.

Le Conseil d'administration de la dette ottomane, créé par le Décret du 20 décembre 1881, devenait désormais le seul créancier de la Bulgarie ; il fit tous ses efforts pour obtenir à son profit l'exécution financière du traité de Berlin. Sur ses instances, le gouvernement ottoman fit de nombreuses démarches auprès des puissances signataires du traité. Le 15 janvier 1883, il adressait à ses représentants auprès d'elles, une note pressante les invitant à ne pas laisser plus longtemps inexécutées quelques-unes des clauses essentielles du Traité. Deux puissances seulement répondirent : l'Autriche-Hongrie pour déclarer qu'elle se conformerait à la ligne de conduite qu'adopteraient les autres gouver-

______

(1) Il leur déléguait, en même temps, les parts contributives de la Grèce, de la Serbie, du Monténégro, et la redevance de la Roumélie Orientale.

ment, et l'Angleterre par une note verbale du 6 novembre 1883 pour proposer un mode de calcul de la dette afférente à chacun des Etats Balkaniques (1). La démarche de la Porte n'eut pas d'autre suite.

Lorsque se produisirent les événements de Philippopoli, l'union des deux Bulgaries et l'abdication du prince Alexandre, les Bulgares trouvèrent dans ces faits un prétexte nouveau pour se soustraire à leurs obligations vis-à-vis de la Turquie en répondant invariablement à toutes les demandes qui leur étaient adressées par le conseil d'administration de la Dette, substitué désormais au Trésor Ottoman, qu'ils ne pouvaient consentir à payer tribut à un Etat qui refusait de reconnaître leur gouvernement. C'était se soustraire ouvertement sous des raisons de pur fait à des obligations contractuelles. Les porteurs de rente ottomane se concertèrent et s'adressèrent eux-mêmes aux autorités de leurs pays. En 1887, une requête était remise simultanément aux cabinets de Paris (2), Londres, Berlin, Vienne et Rome, sans qu'elle eut de suite; de même une nouvelle tentative faite en 1896, par le conseil de la dette Ottomane n'a pas mieux réussi (3).

(1) V. Archives du Conseil d'Administration de la Dette Publique Ottomane.

(2) V. pétition du 28 février 1887 adressée, par les porteurs français de rente turque au Ministre des Affaires Etrang. de France.

(2) V. Lettre adressée par M. Berger, délégué français au Conseil d'administration de la Dette Publique Ottomane, à M. Cochery, Ministre des Finances, 10 juillet 1896.

A l'heure actuelle, vingt années se sont écoulées depuis le traité de Berlin ; ni le tribut de Bulgarie, ni la part contributive à la dette publique ottomane, pas plus d'ailleurs que celles de la Grèce, de la Serbie et de Monténagro, n'ont été fixées. A mesure que le temps s'écoule, l'exécution du traité de Berlin sur ces points devient de plus en plus improbable et la Porte risque fort de ne jamais rien recevoir de ces contributions pécuniaires que l'Europe dans un élan de justice lui avait réservées en compensation des pertes territoriales qu'elle lui imposait.

B). *Redevance de la Roumélie Orientale.* — Le traité de Berlin ne précisait pas les obligations pécuniaires de la Roumélie Orientale vis-à-vis de la Porte. Il se bornait à dire simplement (art. 18) que la Commission européenne, chargée d'élaborer l'organisation de la province, devrait déterminer dans un délai de trois mois le « régime financier » auquel elle allait être soumise. Il était entendu que dans ce mandat était également comprise la détermination de la redevance que la Roumélie payerait au gouvernement central.

Ce fut là en effet un des premiers soins de la Commission. Ses membres furent d'accord pour décider que la redevance consisterait en une quote-part des revenus de la province. Pour aboutir à un chiffre effectif, il fallait d'abord déterminer la moyenne des revenus, puis la fraction de cette somme à verser au Trésor Impérial. Le délégué italien chargé de la partie financière du Statut Organique proposa de fixer les revenus annuels de la province à 800.000 livres turques (1), d'après une estimation calculée sur les comptes du Trésor pendant les quatre derniers exercices. Il proposait en outre de fixer la redevance aux trois dixièmes des revenus, c'est-à-dire à 240 000 livres turques. Le colonel Schepelew, délégué russe, protesta contre une évaluation qu'il trouvait excessive et demanda que la moyenne des revenus fût fixée à 650 000 livres turques et qu'en outre, la Roumélie, très éprouvée par les derniers événements, ne participât pas pendant les deux premières armées du nouveau régime aux charges générales de l'Empire (2). La Porte accepta le chiffre de 800 000 livres turques comme moyenne des revenus de la province, bien qu'elle l'estimât trop faible, mais elle demanda que la redevance fût portée à trois dixièmes et demi. La Commission considérant que la Roumélie Orientale, devenue autonome, allait épargner à la Porte les dépenses nécessitées par son administration repoussa cette demande et accepta les propositions du délégué italien, qui prirent place dans le règlement organique de la province (3).

(1) La livre turque valant environ 23 francs, cette somme équivalait à plus de 18 millions de francs.

(2) Procès-verbaux de la Commission européenne pour l'organisation de la Roumélie Orientale. Protocole n° 49.

(3) Chap. I, art. 16 ; chap. VII, art. 195 et annexe. — Dans l'évaluation des revenus n'étaient pas comptés ceux des douanes,

L'expérience ne devait pas tarder à démontrer que
les revenus de la Roumélie étaient loin d'atteindre
l'estimation que la Commission en avait faite ; la principale cause de cette insuffisance résidait dans le mode
de perception de l'impôt foncier. Sous l'administration
ottomane il était perçu sous forme de dîme et par voie
d'affermage ; ce système, condamnable il est vrai à
cause des nombreux abus qu'il entraînait, avait du
moins l'avantage de mieux assurer la rentrée de l'impôt ; il offrait de grandes facilités de perception et
maintenait toujours une exacte proportion entre l'importance de la récolte et le montant de l'impôt prélevé.
Or, le gouvernement provincial, pour se conformer
aux dispositions du Statut Organique, avait opéré la
transformation de la dîme, d'abord en abandonnant le
système de l'affermage, puis en la remplaçant par un
impôt foncier payable en argent, impôt que les populations payaient plus difficilement, et qui avait le grand
inconvénient de paraître très lourd aux agriculteurs
pendant les périodes de mauvaises récoltes. Justement, à cette époque, une crise agricole très grave sé-
vissait dans toute l'étendue de la province déjà atteinte
par la dernière guerre.

Pour remédier à cette situation critique, l'Assemblée

des postes et télégraphes qui étaient réservés à l'Empire. De plus,
le produit net des douanes était évalué à forfait à la somme fixe de
5 000 livres turques, que l'administration rouméliote devait payer
au gouvernement central en même temps que la redevance.

provinciale dans sa session de 1882, avait décidé d'appliquer la proportion des trois dixièmes aux recettes non plus théoriques mais effectives de la province Par une loi du 8/20 décembre 1882, elle modifiait dans ce sens l'annexe n° 9 du Statut Organique. Les revenus annuels de la Roumélie, déduction faite de ceux réservés à l'Empire et des frais de perception étaient fixés à une somme de 600 000 livres turques pour une période de cinq années à partir du 1ᵉʳ mars 1883 ; la redevance annuelle se trouvait portée ainsi à la somme de 180 000 livres turques. Tous les cinq ans l'évaluation des revenus devait en outre être modifiée suivant les résultats obtenus pendant les cinq derniers exercices, bien que la redevance fut toujours calculée sur la base des trois dixièmes.

Cette loi portait un sensible préjudice aux porteurs de titres de la dette publique ottomane, auxquels le Décret Impérial du 8/20 décembre 1881 avait attribué à titre de garantie la redevance de la Roumélie Orientale. Ils protestèrent vivement auprès de la Porte, alléguant que le Statut Organique de la province avait eu en vue, dans son évaluation des revenus, les produits bruts et non les produits nets, que le chiffre de 240 000 livres turques était un minimum dont le gouvernement provincial était débiteur quels que fussent ses revenus (1). Ce rai-

(1) Voy. Mémorandum du 10/22 janvier 1883, relatif à la redevance de la Roumélie Orientale. — Il n'est donc, en aucune façon, douteux que le payement de la somme annuelle de 240 000 livres

sonnement était logique en partie, puisqu'en 1879 l'évaluation des revenus avait été faite et acceptée pour cinq
ans au chiffre invariable de 800 000 livres turques.
Strictement, les Rouméliotes devaient attendre pour réclamer une diminution de charges, l'expiration de ce
premier délai quinquennal.

Le gouvernement ottoman refusa de sanctionner la
loi rouméliote de décembre 1882, mais la Banque Ottomane chargée de percevoir la redevance, craignant de
ne recevoir aucune somme, si elle ne venait pas à composition, signa avec le gouvernement général de Roumélie, une Convention fixant la redevance de la Province
à 180 000 livres turques, convention qui fut approuvée
par l'Assemblée provinciale dans sa session de novembre 1883. Toutefois, même réduit à ce chiffre, le tribut
ne fut jamais payé intégralement, et lorsqu'éclata la révolution de Philippopoli, la Province devait un arriéré
considérable.

L'union des deux Bulgaries fut le signal de la cessation complète de tout payement; le gouvernement de

turques avait été imposée à la Roumélie Orientale, comme une contribution fixe et non comme une charge variable, d'après les résultats
de son administration financière. Il incombait à la Province de régler ses dépenses d'après ses ressources disponibles, après avoir déduit de celles-ci les payements dûs au gouvernement central. Si les
Rouméliotes ont compromis l'équilibre de leur budget par une application défectueuse des lois financières et par des dépenses extraordinaires, non comprises dans les prévisions budgétaires de la Commission Européenne, était à eux d'en subir les conséquences.

Sofia manifesta l'intention de se soustraire définitivement à l'exécution de ses obligations pécuniaires.

En effet, au cours des années 1886 et 1887, aucune
somme ne fut versée. Le Conseil de la dette publique otto·
mane ne pouvait ainsi laisser méconnaître ses droits: après
avoir adressé au gouvernement de Sofia, désormais substitué à l'ancien gouvernement provincial de Roumélie,
des réclamations infructueuses, il envoya auprès de lui
un délégué spécial, qui signa en 1887, un arrangement
définitif (1). C'est cet accord qui régit aujourd'hui la
question de la redevance : pour la période antérieure
au 1ᵉʳ septembre 1885, elle était calculée conformément
à la loi rouméliote de 1882, c'est-à-dire sur la base d'une
somme annuelle de 185 000 livres turques, y compris le
revenu des douanes. A partir du 1ᵉʳ septembre 1885 et
jusqu'à convention contraire, la redevance était fixée
sur la base des trois dixièmes des revenus nets de la
province d'après la moyenne de ses budgets de 1879 à
1885. Conformément à cet arrangement, la Bulgarie
paye régulièrement, depuis le 1ᵉʳ janvier 1888, une
somme annuelle de 152 000 livres turques, dont 130 000
pour la redevance et 22 000 pour l'amortissement des
arriérés qui vont ainsi en diminuant tous les ans. Si
donc les conditions de l'accord de 1887 sont obser-
vées dans l'avenir, comme il y a tout lieu de le croire,

(1) Les termes de cet arrangement furent sanctionnés par une loi,
confirmée par un rescrit princier du 17 décembre 1887.

on peut affirmer qu'il a clos pour longtemps, les difficultés qu'avait fait naître la redevance rouméliote.

La seule question qui pourrait encore se poser, serait
celle de savoir si la convention passée en 1887, entre le
gouvernement bulgare et le Conseil de la dette ottomane s'imposerait au gouvernement turc le jour où il
viendrait à recouvrer ses droits sur la redevance de la
Roumélie. En droit strict le Sultan pourrait méconnaître
cette convention à laquelle il n'a pas été partie, et qu'il
n'a jamais approuvée officiellement. Il pourrait s'en tenir à la fixation de la redevance, telle qu'elle résultait
du Statut Organique. Mais, pratiquement, un retour à
l'ancienne évaluation ne paraît guère probable. Le Statut Organique a été abrogé, en fait par l'union des deux
Bulgaries, reconnue tacitement par l'Europe. L'ancienne
Roumélie Orientale n'a plus d'existence distincte, partant, plus de budget séparé, et il serait difficile de fixer,
conformément à l'ancien Statut, le chiffre de ses revenus. D'autre part, le fait que la Porte a, sans
protestation, laissé fixer le chiffre nouveau de la redevance par une loi bulgare, paraît bien indiquer qu'elle
entend avoir pour débiteur éventuel, non plus l'ancienne province de Roumélie, mais la Bulgarie nouvelle et que la redevance se trouve transformée aujour-
d'hui en un véritable tribut invariable. D'ailleurs, la
question est purement hypothétique, car on peut se demander à l'heure actuelle, si la Porte aura jamais à

exercer directement son droit à la redevance de l'ancienne Roumélie Orientale.

§ III. — *Les capitulations en Bulgarie et en Roumélie Orientale.*

L'une des questions les plus importantes auxquelles pouvait donner lieu au Congrès de Berlin l'organisation nouvelle de la Bulgarie et de la Roumélie Orientale était celle des capitulations. A vrai dire, cette question qui ne présentait qu'un aspect de la question plus générale de l'application dans ces territoires des traités et des conventions antérieurement conclus par la Porte avec les puissances européennes, ne souleva pas de difficultés bien sérieuses. Les plénipotentiaires du Congrès étaient résolus à ne pas renoncer à la légère aux précieux privilèges dont leurs nationaux jouissaient, en vertu des capitulations dans les anciennes provinces bulgares. Leur désir en cela trouvait d'ailleurs juridiquement sa raison d'être dans la situation nouvelle de ces provinces. A la différence de la Roumanie, de la Serbie et du Monténégro qui étaient détachés de la Turquie pour devenir complètement indépendants, la Roumélie Orientale et la Bulgarie elle-même restant parties de l'Empire Ottoman, demeuraient soumises au droit commun qui règle la situation des étrangers dans les pays d'Orient. Le congrès jugea cependant nécessaire de stipuler expressément le maintien des capitulations non seulement en Bulgarie, ce qui pouvait paraître utile, mais aussi, ce qui peut sembler plus anormal, en Roumélie Orientale (1). L'article 8 du Traité. relatif à la Principauté, porte que « les immunités et privilèges « des sujets étrangers, ainsi que les droits de juridic- « tion et de protection consulaires, tels qu'ils ont été « établis par les capitulations et les usages, resteront « en pleine vigueur tant qu'ils n'auront pas été modi- « fiés du consentement des parties intéressées. » L'art. 20, en stipulant le maintien dans la Roumélie Orientale des traités, conventions et arrangements internationaux conclus ou à conclure entre la Porte et les puissances étrangères, précise que « les immu- nités et privilèges acquis aux étrangers, quelle que soit leur condition, seront respectés dans cette province. »

En présence de textes aussi précis et aussi formels le caractère obligatoire des capitulations en Bulgarie et en Roumélie ne peut être révoqué en doute. Sous ce rapport le traité de Berlin n'a reçu aucune atteinte du fait de l'union. Cela est d'évidence pour la principauté de Bulga- rie puisque les puissances signataires n'ont consenti pour elle, depuis le traité de 1878, aucune modification du droit

---

(1) Les plénipotentiaires semblaient prévoir par cette disposition la révolution de Philippopoli, et tenaient à régler expressément une question qui eut pu donner lieu plus tard à de graves difficultés.

existant. En ce qui concerne la Roumélie Orientale, le maintien des immunités et privilèges acquis aux étrangers est certain, quelle que soit la portée juridique qu'on attribue aux événements de 1885. La province insurgée s'est unie à un Etat dans lequel les capitulations sont restées en vigueur ; l'assimilation de la Roumélie Orientale à la Bulgarie la laisse donc de toute façon soumise au droit commun applicable dans la principauté, et les capitulations demeurent dès lors en vigueur, sinon en vertu de l'art. 20, du moins en vertu de l'art. 8 du traité de Berlin.

Une remarque doit seulement être faite, touchant l'étendue des immunités que les étrangers peuvent revendiquer tant en Bulgarie qu'en Roumélie. Le traité de Berlin ne s'est pas borné à consacrer le maintien des capitulations dans celles de leurs dispositions qui restaient en vigueur au moment de sa conclusion ; il a maintenu en outre tous les privilèges consacrés à cette époque par les usages consulaires. De là résulte une assimilation complète à ce point de vue entre la Bulgarie et la Turquie, les consuls pouvant exercer dans l'une comme dans l'autre tous les droits exceptionnels qu'il tiennent aussi bien des traités que des empiétements consacrés par la coutume internationale.

L'observation n'est pas sans portée pratique : elle a eu son importance dans le règlement de certaines difficultés particulières qui ne peuvent être passées sous silence.

Une première difficulté s'était élevée entre le Gouvernement local de la Roumélie Orientale et certains consulats sur la question de savoir si les jugements rendus en matière civile contre un sujet étranger et au profit d'un indigène, devaient être exécutés par l'entremise du consulat dont relevait le condamné ou bien par les autorités provinciales. Ce dernier appuyait sa prétention sur l'art. 263 du Statut Organique aux termes duquel « l'exécution des jugements civils est dévolue au Tribunal ». Mais cette prétention ne pouvait manquer d'être repoussée puisque son adoption eut abouti en fait à la suppression des prérogatives consulaires formellement consacrées par l'usage. Dans les provinces ottomanes, en effet, les jugements de la nature de ceux qui donnaient lieu à discussion ne sont éxécutoires que par l'entremise des consulats ; vainement, le gouvernement local alléguait-il que cette intervention n'avait sa base ni dans les traités, ni dans les capitulations elles-mêmes ; à supposer même qu'elle constituât un empiètement, il était consacré par les usages internationaux en Orient et le traité de Berlin suffisait dès lors à en imposer le maintien en Roumélie.

L'expulsion du journaliste français Chadourne donna lieu en 1892 à une difficulté plus sérieuse. Le 28 novembre 1891, M. Chadourne, correspondant à Sofia de l'agence Havas et du « *Times* » était appréhendé par la police bulgare et conduit sous escorte à la frontière serbe. Cette expulsion amena une protestation immé-

diate de la France, sous la forme d'une note verbale,
basée sur la « violation flagrante et préméditée des immunités que les traités assurent aux étrangers résidant
dans la principauté. » Le consul de France à Sofia de-
mandait par la même note que « cette mesure fut rap-
portée et que le gouvernement bulgare prît l'engagement écrit de ne pas inquiéter M. Chadourne dans l'é-
ventualité de sa rentrée en Bulgarie (1). » Le ministère
bulgare répondit à cette protestation par un refus de
rapporter la mesure prise sous prétexte que l'attitude de
ce journaliste avait donné lieu à des réclamations réitérées, que « M. Chadourne avait pris à tache de répandre
systématiquement dans la presse européenne et surtout française des nouvelles fausses et calomnieuses,
hostiles à la Bulgarie et à son gouvernement », et il
alléguait que son séjour dans la principauté constituait
un danger pour la tranquillité du pays. En même temps,
dans un mémoire remis à la Porte par l'agent diplomatique de Bulgarie à Constantinople, le gouvernement
princier soutenait que les capitulations n'avaient eu à
l'origine d'autre but que d'assurer aux ressortissant
des puissances chrétiennes, se rendant dans le Levant
la protection de leur culte et le libre exercice de leur
commerce. « On y chercherait vainement, disait la
« note, une règle de procédure en cas de poursuite pour
« crime ou délit commis par un étranger contre la sécu-

(1) *Archives Diplomatiq.*, 1892, t. XXXLI, p. 25.

« rité de l'Etat. Les capitulations sont muettes sur ce
« point, par la simple raison qu'à l'époque où elles les ont
« obtenues, les puissances connaissaient suffisamment
« les prescriptions absolues du régime ottoman sur le
« terrain politique intérieur, prescriptions qui n'ont pas
« dû être modifiées depuis lors.» Enfin, le gouvernement
princier rappelait qu'en 1887 et en 1889 l'expulsion
d'un correspondant du *Temps* et d'un correspondant
du journal révolutionnaire « *Le 9 août* » n'avait donné
lieu à aucune protestation effective du gouvernement
Français.

Ces prétentions qui révélaient déjà chez les Bulgares
le désir de se soustraire au régime capitulaire, devaient
amener entre la France et la Bulgarie la rupture des
relations diplomatiques.

Il n'est pas douteux qu'un Etat indépendant et souverain tient de ses pouvoirs de police le droit d'expulser
l'étranger dont la présence sur son territoire constitue
une menace ou un danger ; et si le traité de Berlin
n'avait pas formellement soumis la Bulgarie à l'application des capitulations, il faudrait reconnaître que son
émancipation l'en avait nécessairement dégagée, puisque nous avons reconnu au nouvel Etat bulgare tous
les caractères de la pleine souveraineté. Mais les plénipotentiaires réunis à Berlin, guidés surtout par cette
idée que la nouvelle principauté n'atteindrait pas de
suite le niveau politique auquel sont parvenus les nations ayant une longue expérience du *self-government*,

n'avaient pas cru devoir renoncer aux prérogatives acquises aux Européens dans les territoires soumis au
Croissant. Ils avaient formellement consacré le maintien de ces prérogatives et l'attitude de l'Europe à l'endroit du nouvel état de choses issu de la révolution de
Philippopoli ne pouvait être considérée comme impliquant renonciation de sa part à des garanties jugées si
précieuses. Il restait à apprécier dans quelle mesure le
droit d'expulsion du gouvernement bulgare se trouvait
limité du fait même de ces garanties.

Le mémoire du Cabinet de Sofia faisait observer que
les capitulations étaient muettes sur ce point. Cette
thèse demeure peut-être sujette à discussion. Si le
texte même des capitulations n'est pas explicite sur le
droit d'expulsion des étrangers par le gouvernement local, l'édit de 1778 qui règle les pouvoirs octroyés aux
consuls français, réserve expressément à ces derniers
le droit d'expulser leurs nationaux, « dans les cas qui
intéressent *la politique* » et il est hors de doute que ce
texte est conforme à l'esprit des capitulations. Comment
admettre, en effet, que les Etats qui n'ont pas voulu
reconnaître au gouvernement ottoman un droit de juridiction sur leurs nationaux pour des litiges d'ordre
purement privé aient entendu laisser intact entre ses
mains le droit redoutable d'expulsion qui aurait permis d'atteindre les Européens non seulement dans leurs
intérêts matériels, mais encore dans leur existence ?

Les usages généralement suivis en Orient ne

reconnaissent pas aux autorités locales, l'exercice du droit d'expulsion. Il a toujours été admis « qu'en règle générale tout acte d'exécution envers un sujet étranger, qu'il soit basé sur quelque titre que ce soit, judiciaire ou administratif, ne peut avoir lieu qu'avec le concours du Consul duquel relève le sujet étranger à l'encontre duquel l'exécution doit avoir lieu » et que « notamment tout acte d'expulsion à l'encontre d'un étranger ne peut être mis à exécution que par l'entremise du Consul dont celui-ci relève (1) ». Cela seul suffisait à condamner les prétentions de gouvernement de Sofia puisque le traité de Berlin avait rigoureusement maintenu dans la principauté les immunités consacrées par l'usage. Les précédents invoqués dans la note remise par l'agent bulgare à Constantinople ne suffisaient pas, d'après nous, à détruire la valeur de cet argument, car à supposer qu'ils eussent la portée qu'on voulait leur attribuer, ils ne pouvaient, à eux seuls, détruire la force de loi d'un usage très généralement suivi.

Le gouvernement princier le comprit et dans une note remise le 31 janvier 1892, il exprimait ses regrets de ce que l'expulsion de M. Chadourne n'avait pas été notifiée par écrit à l'autorité consulaire française. Il prenait pour l'avenir l'engagement de communiquer à cette dernière les arrêtés d'expulsions qui pourraient être pris contre des citoyens français ; mais il formulait en même

____

(1) Salem, *Journal de Droit Int. Privé*, 1891.

temps une réserve dont la valeur reste à notre sens, assez douteuse ; il ajoutait que si la personne contre laquelle serait prise une semblable mesure ne quittait pas le territoire dans le délai imparti par l'arrêté d'expulsion, les autorités du pays procéderaient à son expulsion, de plein droit.

Quoiqu'il en soit de cette réserve que le gouvernement français ne considéra pas comme un obstacle à la reprise des négociations, l'incident témoigne assez hautement de l'intention persistante des Cabinets européens de maintenir en Bulgarie le régime exceptionnel établi en vertu des capitulations.

Cette persistance même n'est pas sans blesser l'amour-propre national des Bulgares qui ne cessent de réclamer l'abolition des immunités consulaires. « Les capitulations, disent-ils, n'ont ni raison, ni sens dans un État chrétien et dans un pays gouverné constitutionnellement (1). » Ils ne manquent pas de rappeler qu'en 1882 les puissances ont renoncé à la garantie de la présence de juges et d'assesseurs étrangers dans les instances soumises aux tribunaux locaux, attestant de la sorte que « ces tribunaux fonctionnent conformément aux lois et que ces lois sont justes (2) ».

En réalité, ce dernier argument n'a pas toute la valeur que les Bulgares veulent lui attribuer. Certains consuls,

(1) Drandar, *Les événements politiques en Bulgarie, depuis 1876 jusqu'à nos jours.*
(2) Drandar, *Loc. cit.*

notamment ceux d'Autriche-Hongrie continuent à envoyer leurs drogmans siéger auprès des tribunaux locaux dans les affaires qui intéressent leurs ressortissants,
et il ne semble pas en tout cas, que les grandes puissances soient disposées de sitôt à renoncer au système
des capitulations en Bulgarie. De bons esprits per-
sistent à penser que l'État bulgare « peut longtemps
encore être livré aux aventures et avoir beaucoup de
chemin à parcourir avant d'arriver à cette stabilité qui
donnera toute garantie aux ressortissants étrangers et
rendra les capitulations inutiles (1) ».

On peut entrevoir cependant un avenir prochain où
l'opinion publique se modifiera en Europe et la question se posera alors de savoir si l'abolition des attributions exceptionnelles des consuls dans la principauté
de Bulgarie pourra s'étendre de plein droit à la Roumélie Orientale. Tant qu'un doute restera possible sur la
situation du nouvel Etat bulgare dans le concert des
nations, la solution pourra prêter à controverse. Nous
croyons cependant qu'actuellement elle pourrait ne pas
être défavorable à la Roumélie. Il semble bien en effet,
que l'attitude passive des principaux Cabinets européens
en présence de l'union des deux Bulgaries ait eu pour
effet de modifier la base conventionnelle des immunités
consulaires en Roumélie : C'est aujourd'hui beaucoup

____

(1) Merignhac, *Revue de Droit Int. et de Législ. comp.*, 1892,
t. XXIV.

moins de l'art. 20, que de l'art. 8 du traité de Berlin
que découle à vrai dire le maintien des capitulations
dans cette province. Il semble naturel d'admettre que
toute renonciation à l'application de l'art. 8, dans la
principauté, amènerait par voie de conséquence logique
la dérogation à cette disposition dans la Roumélie Orientale. Néanmoins, si les puissances signataires du traité
de Berlin voulaient à cet égard entrer dans la voie des
réformes réclamées par l'opinion publique en Bulgarie,
il serait incontestablement désirable qu'elles s'expliquent franchement, pour mettre fin aux difficultés que
pourrait toujours susciter la situation indécise dans laquelle se trouve placée aujourd'hui la Roumélie Orientale vis à vis de la souveraineté de la Porte Ottomane.

§ IV. — *Douanes et chemins de fer.*

Douanes. — L'article 20 du traité de Berlin stipulait
le maintien et l'application en Roumélie de toutes les
conventions conclues ou à conclure entre la Porte et les
gouvernements étrangers. Les arrangements commerciaux étant compris dans cette énumération, il était
certain qu'il ne pouvait exister de barrière douanière
entre l'Empire Ottoman et les frontières de la nouvelle
province privilégiée. L'art. 197 du Statut Organique
était encore plus précis sur ce point : « Il n'existe point,

« disait-il, de douanes entre la Roumélie Orientale et les
« autres provinces de l'Empire. En conséquence, les pro-
« duits de la Roumélie Orientale et les marchandises y
« importées ont libre accès et circulent librement dans
« toutes les autres provinces, et réciproquement les pro-
« duits de toutes les autres provinces et les marchandises
« y importées ont libre accès et circulent librement dans
« la Roumélie Orientale. » Le Commerce Européen avait
en effet le plus grand intérêt à ce que les marchandises
transitant par le territoire ottoman et ayant déjà ac-
quitté à l'entrée de ce territoire le droit de 8 0/0 *ad va-
lorem*, n'eussent pas en outre à franchir une nouvelle
ligne douanière à leur entrée en Roumélie. Sur ce point
le sentiment du gouvernement bulgare n'était pas en
harmonie avec les aspirations libre-échangistes de
la plupart des membres chargés de rédiger le Statut Organique. L'art. 197 était un obstacle à la réalisation du programme que les patriotes bulgares avaient
arrêté dès le lendemain du coup de main révolutionnaire de Philippopoli. A la suite de l'arrangement
turco-bulgare de 1886 le Cabinet de Sofia, considérant
la Roumélie Orientale comme dépendante de la principauté, transportait à la frontière turco-rouméliote la
ligne de douanes antérieurement établie à la frontière
bulgare. Cette mesure ne devait pas manquer de produire sur les Chambres de commerce en Europe et particulièrement à Constantinople un très vif mécontentement ; elle avait pour résultat de soumettre les

marchandises importées en Roumélie par la voie de la Turquie à un nouveau droit de 8 0/0 et de les imposer finalement du double droit que payaient auparavant les marchandises importées en Bulgarie. L'industrie autrichienne, favorisée par le voisinage, trouvait ainsi un débouché exclusif pour ses produits manufacturés dont les importations en Roumélie atteignaient plus de 100 millions de francs (1).

Les appréhensions de l'industrie française, principalement à l'endroit de la concurrence allemande ou autrichienne, n'étaient pas absolument justifiées à cette époque ; elles ne pouvaient devenir sérieuses que le jour où devait être achevée la ligne de chemin de fer reliant Nisch, Sofia et Philippopoli. Jusque-là en effet, les marchandises allemandes et autrichiennes parvenaient difficilement en Roumélie en transitant par la principauté ; elles suivaient très généralement la voie commerciale du Danube, de la Mer Noire et de Constantinople et ne pouvaient dès lors trouver dans la nouvelle mesure prise par le gouvernement de Sofia une situation véritablement privilégiée (2).

Il y avait plutôt dans le fait de la Bulgarie un véritable empiètement sur les droits de la Porte et une violation d'engagements internationaux. Sur l'initiative

(1) Cf. Protestation de la Chambre de commerce française de Constantinople, en date du 12 fév. 1886. — *Archiv Dip.*, 1886, t. XX.

(2) V. Télégramme du Consul de France à Philippopoli, 27 fév. 1886. *Archiv. Dip.*, 1886, t. XX.

de la France, une action combinée des puissances signataires fut tentée dans le but d'amener la suppression de la ligne douanière établie sur la frontière
turco-rouméliote. Le gouvernement français déclara
même que son adhésion à l'arrangement turco-bulgare de 1886 était subordonnée à la satisfaction qu'il
réclamait (1). Le 8 mars 1886, le gouvernement de
Sofia portait officiellement à la connaissance des intéressés que la ligne douanière était supprimée. La situation actuelle présente néanmoins certaines particu-
larités, ainsi les marchandises provenant de la Roumélie et destinées à une autre partie de l'Empire Ottoman sont soumises à la frontière turque au droit de
8 $^o/_0$ sur les marchandises étrangères ; au contraire, les
marchandises produites en Turquie et expédiées en
Roumélie supportent une taxe de 1 $^o/_0$, qualifiée de droit
de sortie. On voit ainsi que la franchise douanière
entre la Roumélie et les autres provinces de l'Empire
Ottoman n'existe plus en conformité de l'Acte de Berlin
et du Statut Organique. D'autre part, l'existence même
d'une ligne douanière à la frontière bulgaro-rouméliote se trouve en contradiction manifeste avec la situation de fait dans laquelle la Roumélie Orientale est
placée vis-à-vis de la principauté.

Il nous semble que seule une sorte d'union douanière

(1) Télégramme du ministre des affaires étrang., 3 mars 1886.
Archiv. Dip., 1886, t. XX.

entre les deux Bulgaries et la Turquie d'Europe permettrait aujourd'hui de sauvegarder les droits de suzeraineté de la Porte sur ces territoires et aiderait
largement au développement économique et industriel
de toute cette région de la péninsule Balkanique.

*Chemins de fer. — Conditions dans lesquelles la Bul-
garie est tenue des engagements contractés par le gouvernement Ottoman pour l'exploitation des chemins de fer
cédés.* — Dès 1878 et avant même la réunion du Congrès,
la situation et les intérêts de la Compagnie anglaise
concessionnaire du chemin de fer de Roustchouk à
Varna (1) avaient motivé une démarche du président de la
Société auprès de lord Salisbury. L'Autriche, qui avait à
sauvegarder aussi des intérêts financiers engagés dans
l'entreprise, s'associa à l'action de l'Angleterre et
c'est sur leur initiative combinée que fut inséré dans
le traité de Berlin l'article 10 qui porte que « la Bulga-
« rie est substituée au gouvernement Impérial Ottoman
« dans ses charges et obligations envers la Cie de chemins
« de fer de Roustchouk-Varna, à partir de l'échange des
« ratifications du présent traité. Le règlement des
« comptes antérieurs est réservé à une entente entre la

(1) La construction autorisée par un *Firman* du 6 sept. 1861, était
achevée depuis 1867. La Société obtenait la concession pour 99 années avec une subvention annuelle fixée à 140 000 livres sterlings
pendant les 33 premières années. La Porte avait entièrement satisfait
à ses obligations jusqu'en 1874, époque à laquelle les troubles
de Bulgarie l'avaient déterminée à suspendre le payement de la subvention à la Société.

« Sublime Porte, le gouvernement de la principauté et
« l'administration de cette compagnie.» En ce qui touche
les autres voies ferrées, le même article stipulait que la
nouvelle principauté était substituée aux engagements
contractés par le gouvernement ottoman tant envers l'Autriche-Hongrie qu'envers la Compagnie, pour
l'achèvement et l'exploitation des lignes ferrées situées
sur son territoire.

Ces stipulations devaient donner lieu à de nombreuses
difficultés entre le gouvernement de Sofia et la Cie
Roustchouk-Varna. Le 22 mai 1880, cette dernière exigeait le payement par la Bulgarie de la subvention annuelle promise par la Turquie. Le gouvernement de
Sofia répondit que, d'après le traité de Berlin, il ne pouvait être contraint de payer cette somme avant le règlement définitif des comptes antérieurs. Sa résistance
ainsi motivée semblait bien, en effet, conforme au texte
du traité. Le Droit International admet comme règle,
pour le cas de cession d'un territoire, que « les obligations et droits locaux et personnels suivent les destinées de la province cédée » et que « l'Etat concessionnaire, bien qu'il n'ait pas concouru au traité d'où sont nés
les droits et obligations, prend le territoire cédé avec les
obligations et droits locaux et personnels existants. »
Mais précisément tandis qu'en application de cette
règle et lorsqu'il s'agit d'Etats indépendants, la subrogation pure et simple de l'Etat cessionnaire à l'Etat
cédant est généralement stipulée par les traités, l'Acte

de Berlin, au contraire, n'avait pas admis sans réserves la subrogation de la principauté de Bulgarie dans les droits et charges du gouvernement ottoman. Dans un mémoire rédigé pour le gouvernement Bulgare, MM. Renault, Allou, Durier et Robinet de Cléry mettaient en lumière la valeur de ces restrictions pour en conclure très logiquement non seulement que la principauté ne pouvant être tenue vis-à-vis de la Compagnie d'aucune dette échue antérieurement à l'échange des ratifications du traité, mais encore que le montant des charges exécutoires depuis cette ratification devait être déterminé par une revision des comptes antérieurs, dans laquelle devaient être seules prises en considération les dépenses de construction et de mise en exploitation réellement et régulièrement effectuées. Le dissentiment entre la Compagnie concessionnaire et la principauté né devait pas moins durer plusieurs années et c'est pour y mettre fin que le gouvernement de Sofia résolut de racheter la ligne Roustchouk-Varna (1).

En ce qui concerne les chemins de fer de la Roumélie Orientale, le Congrès de Berlin n'avait à en régler aucune question de substitution analogue à celle qui s'était posée relativement aux voies ferrées de la Bulgarie du Nord. Aussi, l'art. 21 du traité de Berlin se bornait-il à préciser que « les droits et obligations de

---

(1) La Convention de rachat qui coûta à la Bulgarie plus de 55 millions de francs, fut ratifiée par la loi du 23 juillet 1886.

la Sublime Porte en ce qui concerne les chemins de fer dans la Roumélie Orientale sont maintenus intégralement ». Mais depuis l'union de la province à la principauté, l'exploitation des chemins de fer Rouméliotes est complètement assimilée à l'exploitation Bulgare. C'est ainsi que le service de la ligne de Belova à Sarambey est assuré par les chemins de fer de l'Etat ; l'emprunt bulgare autorisé par la loi du 17/29 décembre 1887 a été garanti par une hypothèque sur le chemin de fer de Yamboli à Bourgas, et le gouvernement de Sofia a reconnu aux porteurs d'obligations, pour le cas où il ne satisfairait pas à ses engagements, le droit de procéder à la vente de la ligne ainsi engagée. C'est à ce point de vue encore la substitution effective de la Bulgarie dans les droits de la Porte et la confirmation d'un état de fait qui risque, en se prolongeant, grâce à une sorte de « *prescriptio longi temporis* », de paralyser les droits que maintient à la souverainete ottomane l'art. 21 du traité de Berlin.

APPENDICE

I. — ARTICLES DU TRAITÉ DE SAN STEPHANO RELATIFS A LA BULGARIE

Art. 6. — La Bulgarie est constituée en Principauté autonome tributaire avec un Gouvernement Chrétien, et une milice nationale.
Conf. B. 1.

Les frontières définitives de la Principauté Bulgare seront tracées par une Commission spéciale Russo-Turque avant l'évacuation de la Roumélie par l'armée Impériale Russe.

Cette Commission tiendra compte, dans ses travaux pour les modifications à introduire sur les lieux au tracé général, du principe de la nationalité de la majorité des habitants des confins, conformément aux Bases de la Paix, ainsi que des nécessités topographiques et des intérêts pratiques de circulation pour les populations locales.

L'étendue de la Principauté de Bulgarie est fixée en traits généraux sur la carte ci-jointe, qui devra servir de base à la délimitation définitive. En quittant la nouvelle frontière de la Principauté Serbe, le tracé suivra la limite occidentale du Caza de Wrania jusqu'à la chaîne du Kara-dagh.

Tournant vers l'ouest, la ligne suivra les limites occidentales des Cazas de Koumanovo, Kotchani, Kalkandelen, jusqu'au mont Korab ; de là par la rivière Welestchitza jusqu'à sa jonction avec le Drime Noir. Se dirigeant vers le Sud par le Drime et après par la limite occidentale du Caza d'Ochride vers le mont Linas, la frontière suivra les limites occidentales des Cazas de Gortcha et Starovo jusqu'au Mont Grammos. Ensuite par le Lac de Kastoria, la ligne frontière rejoindra la Rivière Moglénitza et, après avoir suivi son cours et passé au sud de Yanitza (Wardar Yenidje) se dirigera par l'embouchure du Wardar et par le Galliko vers les villages de Parga et de Saraï keui ; de là par le milieu du Lac Bechik-Guel à l'embouchure des rivières Strouma et Karassou, et par la côte maritime jusqu'au Buru-Guel ; plus loin, partant dans la direction nord-ouest, vers le Mont Tchaltépé par la chaîne du Rhodope jusqu'au Mont Krouschowo, par les Balkans Noirs (Kara Balkan), par les Monts Eschek-Koulatchi, Tchepelion, Karakolas et Tchiklar, jusqu'à la rivière Arda.

De là la frontière sera tracée dans la direction de la ville de Tchirmen et, laissant la ville d'Andrinople au midi, par les villages de Sugutlion, Kara-Hamza, Arnaout-Keui, Akardji, et Enidje jusqu'à la Rivière Tékéderessi. En suivant le cours de Tékéderessi et de Tchorlouderessi jusqu'à Loulé-Bourgas et de là par la rivière Soudjak-Déré jusqu'au village de Serguen, la ligne frontière ira par les hauteurs directement vers Hakim-tabiassi, où elle aboutira à la Mer Noire. Elle quittera la côte maritime près de Mangalia, en longeant les limites méridionales du Sandjak de Toultcha, et aboutira au Danube au-dessus de Rassova.

Mod. B. 1 et 14.

Art. 7. — Le Prince de la Bulgarie sera librement élu par la population et confirmé par la Sublime Porte avec l'assentiment des Puissances. Aucun membre des dynasties régnantes des Puissances européennes ne pourra être élu Prince de la Bulgarie.

En cas de vacance de la dignité de Prince de la Bulgarie, l'élection du nouveau Prince de Bulgarie se fera dans les mêmes conditions et dans les mêmes formes.

Une Assemblée de Notables de la Bulgarie, convoquée à Philippopoli (Plowdiw) ou Tyrnowo, élaborera, avant l'élection du Prince, sous la surveillance d'un Commissaire Impérial Russe, et en présence d'un Commissaire Ottoman, l'organisation de l'administration future, conformément aux précédents établis en 1830, après la paix d'Andrinople, dans les Principautés Danubiennes.

Dans les localités où les Bulgares sont mêlés aux Turcs, aux Grecs, aux Valaques (Koutzo-Vlachs), ou autres, il sera tenu un juste compte des droits et intérêts de ces populations dans les élections et l'élaboration du Règlement Organique.

L'introduction du nouveau régime en Bulgarie et la surveillance
de son fonctionnement seront confiées pendant deux années à un
Commissaire Impérial Russe. A l'expiration de la première année
après l'introduction du nouveau régime, et si une entente à ce sujet s'établit entre la Russie, la Sublime Porte et les Cabinets Européens, ils pourront, s'il est jugé nécessaire, adjoindre au Commissaire Impérial de Russie des Délégués spéciaux.

Comp. B. 3-6.

Art. 8. — L'armée Ottomane ne séjournera plus en Bulgarie, et
toutes les anciennes forteresses seront rasées aux frais du gouvernement local. La Sublime Porte aura le droit de disposer à sa guise
du matériel de guerre et autres objets appartenant au Gouvernement Ottoman, et qui seraient restés dans les forteresses du Danube
déjà évacuées en vertu de l'armistice du 19/31 janvier, ainsi que
ceux qui se trouveraient dans les places fortes de Schoumla et de
Varna.

Jusqu'à la formation complète d'une milice indigène suffisante
pour le maintien de l'ordre de la sécurité et de la tranquillité, et
dont le chiffre sera fixé plus tard par une entente entre le Gouvernement Ottoman et le Cabinet Impérial de Russie, des troupes
Russes occuperont le pays et prêteront main-forte au Commissaire
en cas de besoin. Cette occupation sera limitée également à un
terme approximatif de deux années.

L'effectif du corps d'occupation Russe, composée de six divisions
d'infanterie et de deux de cavalerie, qui séjournera en Bulgarie
après l'évacuation de la Turquie par l'armée Impériale n'excèdera
pas 50.000 hommes. Il sera entretenu aux frais du pays occupé. Les
troupes d'occupation Russes en Bulgarie conserveront leurs communications avec la Russie, non seulement par la Roumanie, mais
aussi par les ports de la mer Noire, Varna et Bourgas, où elles
pourront organiser pour la durée de l'occupation les dépôts nécessaires.

Comp. B. 11, 22.

Art. 9. — Le montant du tribut annuel que la Bulgarie payera à
la Cour Suzeraine en le versant à la Banque que la Sublime Porte
désignera ultérieurement, sera déterminé par un accord entre la
Russie, le Gouvernement Ottoman et les autres cabinets, à la fin de
la première année du fonctionnement de la nouvelle organisation.

Ce tribut sera établi sur le revenu moyen de tout le territoire qui fera partie de la Principauté.

La Bulgarie sera substituée au Gouvernement Impérial Ottoman dans ses charges et obligations envers la Compagnie du Chemin de fer Roustchouk-Varna, après entente entre la Sublime Porte, le Gouvernement de la Principauté et l'administration de cette Compagnie. Le règlement relatif aux autres voies ferrées qui traversent la Principauté est également réservé à un accord entre la Sublime Porte, le Gouvernement institué en Bulgarie et l'administration des Compagnies intéressées.

Comp. B. 9-10.

Art. 10. — La Sublime Porte aura le droit de se servir de la voie de la Bulgarie pour le transport, par des routes déterminées, de ses troupes, munitions et approvisionnements dans les provinces situées au delà de la Principauté, et vice versa. Afin d'éviter les difficultés et les malentendus dans l'application de ce droit tout en garantissant les nécessités militaires de la Sublime Porte, un règlement spécial en établira les conditions dans l'espace de trois mois après la ratification du présent acte, par une entente entre la Sublime Porte et l'administration de la Bulgarie.

Il est bien entendu que ce droit ne s'étendra qu'aux troupes Ottomanes régulières et que les irréguliers, les Bachi-Bouzouks et les Circassiens, en seront absolument exclus.

La Sublime Porte se réserve aussi le droit de faire passer à travers la Principauté sa poste et d'y entretenir une ligne télégraphique. Ces deux points seront également réglés de la façon et dans le laps de temps susindiqués.

Comp. B. 15.

Art. 11. — Les propriétaires Musulmans ou autres qui fixeraient leur résidence personnelle hors de la Principauté pourront y conserver leurs immeubles en les faisant affermer ou administrer par d'autres. Des Commissions Turco-Bulgares siègeront dans les principaux centres de population sous la surveillance de Commissaires Russes pour statuer souverainement, dans le courant de deux années, sur toutes les questions relatives à la constatation des propriétés immobilières où des intérêts Musulmans ou autres seraient engagés.

Des Commissions analogues seront chargées de régler, dans le

courant de deux années, toutes les affaires relatives au mode d'aliénation, d'exploitation ou d'usage pour le compte de la Sublime
Porte, des propriétés de l'État et des fondations pieuses (vacouf).

A l'expiration du terme de deux années mentionné plus haut,
toutes les propriétés qui n'auront pas été réclamées seront vendues
aux enchères publiques, et le produit en sera consacré à l'entretien
des veuves et des orphelins, tant Musulmans que Chrétiens, victimes
des derniers événements.

Comp. B 12.

Art. 12. — Toutes les forteresses du Danube seront rasées. Il n'y
aura plus dorénavant de places fortes sur les rives de ce fleuve, ni
de bâtiments de guerre dans les eaux des Principautés de Roumanie, de Serbie et de Bulgarie, sauf les stationnaires usités et les
bâtiments légers destinés à la police fluviale et au service des
douanes.

Les droits, obligations et prérogatives de la Commission Internationale du Bas-Danube sont maintenus intacts.

Comp. B. 52-57.

II. — ARTICLES DU TRAITÉ DE BERLIN
RELATIFS A LA BULGARIE ET A LA PROVINCE PRIVILÉGIÉE
DE LA ROUMÉLIE ORIENTALE

Art. 1er. — La Bulgarie est constituée en Principauté autonome et
tributaire sous la suzeraineté de S. M. Impériale le Sultan ; elle
aura un Gouvernement Chrétien et une milice nationale.

Comp. S. 6.

Art. 2. — La Principauté de Bulgarie comprendra les territoires
ci-après :

La frontière suit au nord la rive droite du Danube depuis l'ancienne frontière de Serbie jusqu'à un point à déterminer par une
Commission Européenne à l'est de Silistrie et, de là, se dirige vers
la Mer Noire au sud de Mangalia, qui est rattaché au territoire
Roumain. La Mer Noire forme la limite est de la Bulgarie. Au sud,
la frontière remonte, depuis son embouchure, le thalweg du ruis-

seau près duquel se trouvent les villages Hodzakioj, Selam-Kioj, Aivadsik, Kulibe, Sudzuluk : traverse obliquement la vallée du Deli
Kamcik, passe au sud de Belibe et de Kemhalik et au nord de Hadzimahale, après avoir franchi le Deli Kamcik à 2 1/2 kilom. en amont
de Cengei ; gagne la crête à un point situé entre Tekenlik et Aidos-
bredza et la suit par Karnabad Balkan, Prisevica Balkan, Kazan
Balkan au nord de Kotel jusqu'à Demir Kapu. Elle continue par la
principale chaîne du grand Balkan, dont elle suit toute l'étendue
jusqu'au sommet de Kosica.

Là elle quitte la crête du Balkan, descend vers le sud entre les
villages de Pirdop et de Duzanci, laissés l'un à la Bulgarie et l'autre
à la Roumélie-Orientale jusqu'au ruisseau de Tuzlu Dere, suit ce
cours d'eau jusqu'à sa jonction avec la Topolnica, puis cette rivière
jusqu'à son confluent avec Smovskio Dere près du village de Petri-
cevo, laissant à la Roumélie Orientale une zone de deux kilomètres
de rayon en amont de ce confluent, remonte entre les ruisseaux de
Smowskio Dere et la Kamenica suivant la ligne de partage des eaux,
pour tourner au sud-ouest à la hauteur de Voinjak, et gagner directement le point 875 de la carte de l'État-Major Autrichien.

La ligne frontière coupe en ligne droite le bassin supérieur du
ruisseau d'Ichtiman Dere, passe entre Bodgina et Karoûla, pour retrouver la ligne de partage des eaux séparant les bassins de l'Isker
et de la Marica, entre Camurli et Hadzilar, suit cette ligne par les
sommets de Velina Mogila, le col 531, Zmailica Vrh, Sumnatica, et
rejoint la limite administrative du Sandjak de Sophia entre Sivri
Tas et Cadir Tepe.

De Cadir Tepe, la frontière, se dirigeant au sud-ouest, suit la
ligne de partage des eaux entre les bassins du Mesta Karasu d'un
côté et du Strûma Karasu de l'autre, longe les crêtes des Montagnes
du Rhodope appelées Demir Kapu, Iskoftepe, Kadime sa Balkan, et
Aiji Gedük jusqu'à Kapetnik Balkan, et se confond ainsi avec l'an_
cienne frontière administrative du Sandjak de Sophia.

De Kapetnik Balkan la frontière est indiquée par la ligne de partage des eaux entre les vallées de la Rilskareka, et de la Bistrica-
reka, et suit le contre-fort appelé Vodenica Planina, pour descendre dans la vallée de la Struma aux confluents de cette rivière avec
la Rilska-reka, laissant le village de Barakli à la Turquie. Elle remonte alors au sud du village de Jalesnica, pour atteindre, par la

ligne la plus courte, la chaîne de Golema Planina au sommet de Gitka, et y rejoindre l'ancienne frontière administrative du Sandjak de Sophia, laissant toutefois à la Turquie la totalité du bassin de la Suha reka.

Du Mont Gitka, la frontière ouest se dirige vers le mont Crui Vrh par les Montagnes de Karvena Jabuka, en suivant l'ancienne limite administrative du Sandjak de Sophia, dans la partie supérieure des bassins de Egrisu et de la Lepnica, gravit avec elle les crêtes de Babina-palona, et arrive au Mont Crni Vrh.

Du Mont Crni Vrh, la frontière suit la ligne de partage des eaux entre la Struma et la Morawa par les sommets du Stresser, Vilogolo et Mesid Planina, rejoint par la Gacina, Crna Trava, Darkovska et Drainica plan, puis le Descani Kladanec, la ligne de partage des eaux de la Haute Sukowa et de la Morawa, va directement sur le Stol, et en descend pour couper à 1,000 mètres au nord-ouest du village de Segusa la route de Sophia à Pirot· Elle remonte en ligne droite sur la Vidlic Planina et de là sur le Mont Radocina dans la chaîne du Kodza Balkan, laissant à la Serbie le village de Doikinci, et à la Bulgarie celui de Senakos.

Du sommet du Mont Radocina la frontière suit vers l'ouest de la crête des Balkans par Ciprovec Balkan et Stara l'lanina jusqu'à l'ancienne frontière orientale de la Principauté de Serbie près de la Kula Smiljova Cuka, et de là cette ancienne frontière jusqu'au Danube qu'elle rejoint à Rakovitza.

Cette délimitation sera fixée sur les lieux par la Commission Européenne où les Puissances Signataires seront représentées.

Il est entendu :

10. Que cette Commission Européenne prendra en considération la nécessité pour S. M. Impériale le Sultan de pouvoir défendre les frontières du Balkan de la Roumélie Orientale.

20. Qu'il ne pourra être élevé de fortifications dans un rayon de 10 kilom. autour de Samakow.

Comp. S. 6.

Art. 3. — Le Prince de Bulgarie sera librement élu par la population et confirmé par la Sublime Porte avec l'assentiment des Puissances. Aucun membre des dynasties régnantes des Grandes Puissances Européennes ne pourra être élu Prince de Bulgarie.

En cas de vacance de la dignité princière, l'élection du nouveau

Prince se fera aux mêmes conditions et dans les mêmes formes.

Comp. S. 7.

Art. 4. — Une Assemblée de Notables de la Bulgarie, convoquée à Tirnovo, élaborera, avant l'élection du Prince, le Règlement Organique de la Principauté.

Dans les localités où les Bulgares sont mêlés à des populations Turques, Roumaines, Grecques ou autres, il sera tenu compte des droits et des intérêts de ces populations en ce qui concerne les élections et l'élaboration du Règlement Organique.

Comp. S. 7.

Art. 5. — Les dispositions suivantes formeront la base du droit public de la Bulgarie.

La distinction des croyances religieuses et des confessions ne pourra être opposée à personne comme un motif d'exclusion ou d'incapacité en ce qui concerne la jouissance des droits civils et politiques, l'admission aux emplois publics, fonctions et honneurs, ou l'exercice des différentes professions et industries, dans quelque localité que ce soit.

La liberté et la pratique extérieure de tous les cultes sont assurées à tous les ressortissants de la Bulgarie, aussi bien qu'aux étrangers, et aucune entrave ne pourra être apportée soit à l'organisation hiérarchique des différentes communions, soit à leurs rapports avec leurs chefs spirituels.

Art. 6. — L'administration provisoire de la Bulgarie sera dirigée jusqu'à l'achèvement du Règlement Organique par un Commissaire Impérial Russe. Un Commissaire Impérial Ottoman, ainsi que les Consuls délégués *ad hoc* par les autres Puissances Signataires du présent Traité, seront appelés à l'assister à l'effet de contrôler le fonctionnement de ce régime provisoire. En cas de dissentiment entre les Consuls délégués, la majorité décidera, et, en cas de divergence entre cette majorité et le Commissaire Impérial Russe ou le Commissaire Impérial Ottoman, les Représentants des Puissances Signataires à Constantinople, réunis en Conférence, devront prononcer.

Comp. S. 7.

Art. 7. — Le régime provisoire ne pourra être prolongé au delà d'un délai de neuf mois à partir de l'échange des ratifications du présent Traité.

Lorsque le Règlement Organique sera terminé, il sera procédé immédiatement à l'élection du Prince de Bulgarie. Aussitôt que le Prince aura été institué, la nouvelle organisation sera mise en vigueur, et la Principauté entrera en pleine jouissance de son autonomie.

Art. 8. — Les Traités de Commerce et de Navigation, ainsi que toutes les Conventions et arrangements conclus entre les Puissances étrangères et la Porte, et aujourd'hui en vigueur, sont maintenus dans la Principauté de Bulgarie, et aucun changement n'y sera apporté à l'égard d'aucune Puissance avant qu'elle y ait donné son consentement.

Aucun droit de transit ne sera prélevé en Bulgarie sur les marchandises traversant cette Principauté.

Les nationaux et le commerce de toutes les Puissances y seront traités sur le pied d'une parfaite égalité.

Les immunités et privilèges des sujets étrangers, ainsi que les droits de juridiction et de protection Consulaires tels qu'ils ont été établis par les Capitulations et les usages, resteront en pleine vigueur tant qu'ils n'auront pas été modifiés du consentement des parties intéressées.

Art. 9. — Le montant du tribut annuel que la Principauté de Bulgarie payera à la Cour Suzeraine en le versant à la Banque que la Sublime Porte désignera ultérieurement, sera déterminé par un accord entre les Puissances Signataires du présent Traité, à la fin de la première année du fonctionnement de la nouvelle organisation. Ce tribut sera établi sur le revenu moyen du territoire de la Principauté.

La Bulgarie devant supporter une part de la Dette publique de l'Empire, lorsque les Puissances détermineront le tribut, elles prendront en considération la partie de cette dette qui pourrait être attribuée à la Principauté sur la base d'une équitable proportion.

Comp. S. 9.

Art. 10. — La Bulgarie est substituée au Gouvernement Impérial Ottoman dans ses charges et obligations envers la Compagnie du chemin de fer de Roustchouk-Varna, à partir de l'échange des ratifications du présent Traité. Le règlement des comptes antérieurs est réservé à une entente entre la Sublime Porte, le Gouvernement de la Principauté et l'administration de cette Compagnie.

La Principauté de Bulgarie est de même substituée pour sa part aux engagements que la Sublime Porte a contractés tant envers l'Autriche-Hongrie qu'envers le Compagnie pour l'exploitation des chemins de fer de la Turquie d'Europe, par rapport à l'achèvement et au raccordement ainsi qu'à l'exploitation des lignes ferrées situées sur son territoire.

Les Conventions nécessaires pour régler ces questions seront conclues entre l'Autriche-Hongrie, la Porte, la Serbie et la Principauté de Bulgarie immédiatement après la conclusion de la paix.

Comp. S. 9.

Art. 11. — L'armée ottomane ne séjournera plus en Bulgarie ; toutes les forteresses seront rasées aux frais de la Principauté dans le délai d'un an ou plus tôt si faire se peut ; le Gouvernement local prendra immédiatement des mesures pour les détruire et ne pourra en faire construire de nouvelles. La Sublime Porte aura le droit de disposer à sa guise du matériel de guerre et autres objets appartenant au Gouvernement Ottoman et qui seraient restés dans les forteresses du Danube dejà évacuées en vertu de l'armistice du 31 janvier, ainsi que de ceux qui se trouveraient dans les places fortes de Schoumla et de Varna.

Comp. S. 8.

Art. 12. — Les propriétaires Musulmans ou autres qui fixeraient leur résidence personnelle hors de la Principauté pourront y conserver leurs immeubles ; en les affermant ou en les faisant administrer par des tiers.

Une Commission Turco-Bulgare sera chargée de régler, dans le courant de deux années, toutes les affaires relatives au mode d'aliénation, d'exploitation ou d'usage, pour le compte de la Sublime Porte, des propriétés de l'État et des fondations pieuses (vacoufs), ainsi que les questions relatives aux intérêts des particuliers qui pourraient s'y trouver engager.

Les ressortissants de la Principauté de Bulgarie qui voyageront ou séjourneront dans les autres parties de l'Empire Ottoman seront soumis aux autorités et aux lois Ottomanes.

Comp. S. 11.

Art. 13. — Il est formé au sud des Balkans une province qui prendra le nom de « Roumélie-Orientale », et qui restera placée sous l'autorité politique et militaire directe de S. M. I. le Sultan,

dans des conditions d'autonomie administrative. Elle aura un Gouverneur-Général Chrétien.

Art. 14. — La Roumélie Orientale est limitée au nord et au nord-
ouest par la Bulgarie et comprend les territoires inclus dans le
tracé suivant :

Partant de la mer Noire, la ligne frontière remonte depuis son
embouchure le thalweg du ruisseau près duquel se trouvent les
villages Hodzakioj, Selam Kioj, Aivadsik, Kulibe, Sudzuluk, traverse obliquement la Vallée du Deli Kamcik, passe au sud de Belibe et de Kemhalik et au nord de Hadzimahale, après avoir franchi
de Deli Kamcik à 2 1/2 kilom. en amont de Cengei ; gagne la crête
à un point situé entre Tekenlik et Aidos-Bredza, et la suit par
Karnabad Balkan, Prisevica Balkan, Kazan Balkan, au nord de
Kotel jusqu'à Demir Kapu. Elle continue par la chaîne principale
du Grand Balkan, dont elle suit toute l'étendue jusqu'au sommet
de Kosica.

A ce point, la frontière occidentale de la Roumélie quitte la
crête du Balkan, descend vers le sud entre les villages de Pirdop
et de Duzanci, laissés l'un à la Bulgarie et l'autre à la Roumélie
Orientale, jusqu'au ruisseau de Tuzlu Dere, suit ce cours d'eau
jusqu'à sa jonction avec Smovskio Dere près du village de Petri-
cevo, laissant à la Roumélie Orientale une zone de 2 kilomètres de
rayon en amont de ce confluent, remonte entre les ruisseaux de
Smovskio Dere et la Kamenica, suivant la ligne de partage des
eaux, pour tourner au sud-ouest, à la hauteur de Voinjak, et gagner directement le point 875 de la carte de l'État-Major Autrichien.

La ligne frontière coupe, en ligne droite, le bassin supérieur de
ruisseau d'Ichtiman Dere, passe entre Bogdina et Karaùla, pour
retrouver la ligne de partage des eaux séparant les bassins de
l'Isker et de la Marica, entre Camurli et Hadzilar, suit cette ligne
par les sommets de Velina Mogila, le col 531, Zmailica Vrh, Sumnatica, et rejoint la limite administrative de Sandjak de Sophia
entre Sivri Tas et Cadir Tepe.

La frontière de la Roumélie se sépare de celle de la Bulgarie au
mont Cadir Tepe, en suivant la ligne de partage des eaux entre le
bassin de la Marica et de ses affluents d'un côté et du Mesta Karasu
et de ses affluents de l'autre, et prend les directions sud est et sud,

par la crête des montagnes Despoto Dagh, vers le mont Kruschowa (point de départ de la ligne du Traité de San-Stéfano).

Du mont Kruschowa la frontière se conforme au tracé déterminé par le Traité de San-Stéfano, c'est-à-dire, la chaîne des Balkans Noirs (Kara Balkan), les montagnes Kulaghy-Dagh, Eschek-Tche-pellü, Karakolas et Ischiklar, d'où elle descend directement vers le sud est pour rejoindre la rivière Arda, dont elle suit le thalweg jusqu'à un point situé près du village d'Adacali, qui reste à la Turquie.

De ce point la ligne frontière gravit la crête de Bestepe Dagh qu'elle suit pour descendre et traverser la Maritza à un point situé à 5 kilomètres en amont du pont de Mustafa Pacha ; elle se dirige ensuite vers le nord par la ligne de partage des eaux entre Demir-hanli Dere et les petits affluents de la Maritza jusqu'à Küdeler Baïr, d'où elle se dirige à l'est sur Sakar Baïr, de là traverse la Vallée de la Tundza allant vers Büjük Derbend, qu'elle laisse au nord, ainsi que Soudzak. De Büjük Derbend elle reprend la ligne du partage des eaux entre les affluents de la Tundza au nord et ceux de la Maritza au sud, jusqu'à hauteur de Kaibilar, qui reste à la Roumélie Orientale, passe au sud de V. Almali entre le bassin de la Maritza au sud et différents cours d'eau qui se rendent direc-tement vers la Mer Noire, entre les villages de Belevrin et Alatli ; elle suit au nord de Karanlik les crêtes de Vosna et Zuvak, la ligne qui sépare les eaux de la Duka de celles du Karagac-Su, et rejoint la mer Noire entre les deux rivières de ce nom.

Comp. S. 6.

Art. 15. — Sa Majesté le Sultan aura le droit de pourvoir à la défense des frontières de terre et de mer de la province en élevant des fortifications sur ces frontières et en y entretenant des troupes.

L'ordre intérieur est maintenu dans la Roumélie-Orientale par une gendarmerie indigène assistée d'une milice locale.

Pour la composition de ces deux corps dont les officiers sont nommés par le Sultan, il sera tenu compte, suivant les localités, de la religion des habitants.

Sa Majesté Impériale le Sultan s'engage à ne point employer de troupes irrégulières telles que Bachi-Bozouks et Circassiens dans les garnisons des frontières. Les troupes régulières destinées à ce service ne pourront en aucun cas être cantonnées chez l'habitant.

Lorsqu'elles traverseront la province, elles ne pourront y faire de séjour.

Comp. S. 10.

Art. 16. — Le Gouverneur-Général aura le droit d'appeler les troupes Ottomanes dans les cas où la sécurité intérieure ou extérieure de la province se trouverait menacée. Dans l'éventualité prévue, la Sublime Porte devra donner connaissance de cette décision, ainsi que des nécessités qui la justifient, aux Représentants des Puissances à Constantinople.

Art. 17. — Le Gouverneur-Général de la Roumélie-Orientale sera nommé par la Sublime Porte, avec l'assentiment des Puissances, pour un terme de cinq ans.

Art. 18. — Immédiatement après l'échange des ratifications du présent Traité, une Commission Européenne sera formée pour élaborer, d'accord avec la Porte Ottomane, l'organisation de la Roumélie Orientale. Cette Commission aura à déterminer, dans un délai de trois mois, les pouvoirs et les attributions du Gouverneur-Général, ainsi que le régime administratif, judiciaire et financier de la province, en prenant pour point de départ les différentes lois sur les Vilayets et les propositions faites dans la huitième séance de la Conférence de Constantinople.

L'ensemble des dispositions arrêtées pour la Roumélie Orientale fera l'objet d'un Firman Impérial, qui sera promulgué par la Sublime Porte et dont elle donnera communication aux Puissances.

Art. 19. — La Commission européenne sera chargée d'administrer, d'accord avec la Sublime Porte, les finances de la province jusqu'à l'achèvement de la nouvelle organisation.

Art. 20. — Les Traités, Conventions et arrangements internationaux, de quelque nature qu'ils soient, conclus ou à conclure entre la Porte et les Puissances étrangères, seront applicables dans la Roumélie Orientale comme dans tout l'Empire Ottoman. Les immunités et privilèges acquis aux étrangers, quelle que soit leur condition, seront respectés dans cette province. La Sublime Porte s'engage à y faire observer les lois générales de l'Empire sur la liberté religieuse en faveur de tous les cultes.

Art. 21. — Les droits et obligations de la Sublime Porte, en ce qui concerne les chemins de fer dans la Roumélie Orientale, sont maintenus intégralement.

Art. 22. — L'effectif du corps d'occupation Russe en Bulgarie et dans la Roumélie Orientale sera composé de six divisions d'infanterie et de deux divisions de cavalerie, et n'excédera pas 50,000 hommes. Il sera entretenu aux frais du pays occupé. Les troupes d'occupation conserveront leurs communications avec la Russie, non-seulement par la Roumanie d'après les arrangements à conclure entre les deux Etats, mais aussi par les ports de la mer Noire, Varna et Bourgas, où elles pourront organiser, pour la durée de l'occupation, les dépôts nécessaires.

La durée de l'occupation de la Roumélie Orientale et de la Bulgarie par les troupes Impériales Russes est fixée à neuf mois à dater de l'échange des ratifications du présent Traité.

Le Gouvernement Impérial Russe s'engage à terminer dans un délai ultérieur de trois mois le passage de ses troupes à travers la Roumanie et l'évacuation complète de cette Principauté.

Comp. S. 8.

III. — FIRMAN DE NOMINATION DU PRINCE DE BULGARIE

Commandement au prince Ferdinand qui est l'honneur des grands princes, revêtu de gloire et de dignité, dont la récente élection à la Principauté de Bulgarie a été approuvée, possédant la haute décoration d'Osmanié en brillants, issu d'une famille noble et ancienne, loyal et dévoué ; puissent ses qualités élevées durer toujours !

Ta noble personne a été élue à la Principauté de Bulgarie qui fait partie intégrante de mon Empire, vu le dévouement, l'intelligence et la perspicacité, dont toi qui es le prince susmentionné, es doué au plus haut degré, ainsi que l'expérience et la droiture qui te distingue. Le Conseil spécial des illustres Ministres, par un procès-verbal, a soumis l'affaire à ma personne Impériale pour en demander l'autorisation. L'exécution de ta mission de la manière sus indiquée a été également admise et ratifiée par ma très-glorieuse personne Impériale. Ladite Principauté de Bulgarie avec la rontière indiquée dans le traité de Berlin, a été confiée à ton intelligence et à ta perspicacité, conformément à mon haut Iradé Impérial gracieusement émané à cette date (aujourd'hui). Mon présent ordre superbe a été écrit spécialement à ma Chancellerie Impériale pour publier ce fait et pour notifier ta mission. Aussitôt que ce qui précède sera à ta connaissance judicieuse, tu auras toujours soin et tu t'efforceras, ainsi que nous l'espérons et nous l'attendons de ta noble personne, suivant les exigences de ton intelligence, de la perspicacité et de ta mission, et d'après ce qui a été signalé expressément ci-haut : de respecter constamment nos droits de suzeraineté sur la Principauté de Bulgarie qui fait partie intégrante de mon Empire et de consolider et augmenter les liens qui existent avec notre Empire Ottoman. Tu t'appliqueras attentivement à ne pas tolérer des procédés contraires aux dispositions dudit traité, à garantir en tout cas le progrès de la prospérité et de la tranquillité, à assurer strictement les droits de culte et ceux politiques et civils de tous les habitants musulmans et non musulmans, en conformité du principe de la vraie égalité, à bien gouverner et à perfectionner leur aisance et leur bonheur.

Le 20 Ramazan 1313 (24 mars 1896).

IV. — FIRMAN CHARGEANT LE PRINCE DE BULGARIE DE L'ADMINISTRATION DE LA ROUMÉLIE ORIENTALE EN QUALITÉ DE GOUVERNEUR GÉNÉRAL

Commandement au prince Ferdinand qui est l'honneur des grands princes, revêtu de gloire et de dignité, qui est le prince de Bulgarie, possédant la haute décoration d'Osmanié en brillants, issu d'une famille noble et ancienne, loyal et dévoué ; puissent ses qualités élevées durer toujours !

Le mode d'arrangement dressé au sujet de la province de Roumélie Orientale et approuvé et confirmé à la Conférence réunie précédemment à ma majestueuse capitale Impériale et composée

des représentants des Etats qui ont signé le traité de Berlin, exige
de confier au prince de Bulgarie la fonction de Gouverneur Général
(Valy) de la province de Roumélie Orientale qui fait partie intégrante de mon Empire. L'élection à ladite principauté de toi, qu
est le prince susmentionné, ayant été récemment admise et ratifiée
de ma part Impériale dont les qualités sont très élevées, le Conseil
spécial de mes Illustres Ministres, par un procès-verbal, m'a soumis l'affaire pour demander l'autorisation. A la suite de cette demande, et vu la confiance et la foi que j'ai évidemment en toi et
qui augmentent chaque moment, l'administration de ladite province de la Roumélie Orientale a été confiée à ton intelligence et à
ta perspicacité, conformément à l'ordre impérial et majestueux de
ma personne couronnée, ordre qui a été donné gracieusement à
cette date par mes augustes faveurs et par mes hautes grâces impériales.

Mon présent ordre très considérable contenant ta mission, a été
dressé à ma chancellerie impériale. Toi, qui est le prince susmentionné, déploieras tes efforts en conformité des intentions et des
vues superbes de ma personne couronnée et, ainsi que le dévouement et le bon sens dont tu es doué par la nature l'exigent, à bien
gouverner ladite province et, ce qui est mon principal désir impérial, à adopter les mesures propres à consolider le repos et la tranquillité du pays et le progrès de l'aisance et du bonheur de toutes
les classes de la population sans exception ; tout en augmentant et
prolongeant encore plus, à cette occasion aussi, ma haute bienveillance impériale à ton égard.

Le 20 Ramazan 1313 (24 mars 1896).

Vu :
Le Président de la thèse,
L. RENAULT.

Vu :
Le Doyen de la Faculté,
GARSONNET.

Vu et permis d'imprimer :
Le Vice-Recteur de l'Académie de Paris,
GRÉARD.

TABLE DES MATIÈRES

CHAPITRE III. — LA BULGARIE ET LA ROUMÉLIE ORIENTALE DU TRAITÉ
    DE BERLIN A LA RÉVOLUTION DU 18 SEPTEMBRE 1885.

CHAPITRE IV. — LA ROUMÉLIE ORIENTALE ET LE NOUVEL ÉTAT BULGARE DEPUIS LA RÉVOLUTION DE 1885.

DEUXIÈME PARTIE

Etude Juridique.

CHAPITRE I. — LES THÉORIES SUR LA FORMATION DES ÉTATS ET LA BULGARIE ACTUELLE.

APPENDICE

ST-AMAND, CHER. — IMPRIMERIE BUSSIÈRE FRÈRES

9 782019 642365